すぐに▼役立つ

◆図解とQ&Aでわかる◆

正社員以外[パート・派遣・副業・高年齢者雇用]の働き方をめぐる法律問題

社会保険労務士 林 智之 監修

三修社

はじめに

　「人を使う」ということは必ずしも「正社員に働いてもらう」ということを意味するわけではありません。現代は働き方が多様化しており、パートタイマー、アルバイト、契約社員、派遣労働者など、正社員以外の労働者の労働力が効率的に活用されています。また、個人請負を活用する企業も増えています。そこで、パート・アルバイト、派遣社員などによる労働や個人請負を活用する企業は、正社員以外の労働形態について遵守すべきルールを、適切に理解しておく必要があります。とくに、正社員との格差問題については、平成30年（2018年）に成立した働き方改革法においても「雇用形態にかかわらず労働者の公正な待遇を確保する」という点が制定目的となっています。パートタイム・有期雇用労働法においても、短時間労働者・有期雇用労働者に関する正社員との不合理な待遇の禁止に関する規定を整備するなど、使用者が雇用の際に従うべきルールが整備されています。

　また、高齢者が働き続けることができる環境を整えるべく、高年齢者雇用安定法の改正なども行われています。さらに、パートタイマーの社会保険加入対象者を拡大する方向での制度改正も実施されています。

　本書では、採用・労働条件・更新・雇止め、派遣、請負（個人請負）、副業など、正社員以外の労働者の雇用管理を行う上で知っておくべき法律知識を豊富なQ&Aで解説しています。また、70歳までの就業確保措置（令和３年４月施行）、中小企業についての月60時間を超える時間外労働の割増賃金率引上げ（令和５年４月予定）、有期雇用労働者の育児・介護休業取得要件の緩和（令和４年４月施行）、短時間労働者の社会保険適用拡大（令和４年４月施行）、などの法改正について解説しています。

　本書を通じて、皆様のお役に立つことができれば幸いです。

監修者　社会保険労務士　林　智之

Contents

はじめに

第2章　労働条件をめぐるトラブルと解決法

第3章　契約更新・雇止め・解雇のトラブルと解決法

第4章　安全衛生・育児・介護をめぐるトラブルと解決法

第5章　契約社員・再雇用の法律問題と解決法

第8章　就業規則・規程・社会保険・労働保険のしくみと手続き

序章

パート・高年齢者雇用・派遣をめぐる法律の全体像

どのような労働者をパートというのでしょうか。

週の労働時間が正社員に比べて短い労働者のことですが、厳密な定義はありません。

パートは「パートタイマー」の略称です。「パートタイム労働者」と呼ばれることもあります。パートの一般的なイメージとしては、スーパーのレジ係やコンビニの店員などが思い浮かぶのではないでしょうか。「パートタイマー」の語源は「part timer」という英語であるとされており、時間を部分に区切る働き方という意味で使われます。具体的には、「週3日、朝9時から夕方4時まで」「平日、朝10時から昼2時まで、土日祝日は休み」というように、労働者が自分の時間を切り売りする形で雇用される形が中心です。

もっとも、パートという名称の雇用形態を明確に定義している法律はなく、仕事内容や労働環境などによって、正社員と明確に区別されるものではありません。どのような労働者がパートであるのかについては、法律や役所の調査によって定義の仕方が異なるようですが、大まかにいうと、正社員と比べて短い労働時間で働く人がパートであると理解すれば、間違いにはならないようです。その理由は、パートなどを保護する法律である「パートタイム・有期雇用労働法」（17ページ）において、「短時間労働者」のことを、「1週間の所定労働時間が同一の事業主に雇用される通常の労働者の1週間の所定労働時間に比し短い労働者」（2条1項）であると定義しているからです。「短時間労働者≒パートタイマー」と理解してよいでしょう。

14

パートとアルバイトを明確に区別する法律
はなく、どちらも同じく労働者として扱わ
れます。

....

　パート（パートタイマー）と区別しにくいのがアルバイトという雇
用形態です。パートについて明確な定義が存在しないのと同様、アル
バイトについても明確な定義は存在せず、両者を区別するような法律
も存在しません。パートとアルバイトは、単に呼び方だけが違うとも
いえるのです。

　ただ、一般的にはパートといえば主婦層、アルバイトといえば学生
というイメージがあると思われます。このイメージからすると、パー
トは家計の補完などのために継続的に働きたい人を時間単位で雇用す
る形態、アルバイトは学業や正社員など別の正業を持っており、その
上で副収入を得たい人を時間単位で雇用する形態、と一応の区別をす
ることができるでしょう。

　もっとも、フリーター（フリーアルバイター）といって、主にアル
バイトで生計を立てている人も増えていますので、その意味ではパー
トとアルバイトの垣根はさらになくなってきているといえます。

●パート・アルバイトも労働者である

　正社員とパート・アルバイトとの違いは何でしょうか。業務内容や
就業時間、給与体系（基本給・昇給・賞与など）、契約期間、転勤な
どについて正社員とパート・アルバイトとの間に違いをつけることは、

基本的に各会社の判断に委ねられており、そのこと自体を法律が禁じているわけではありません。正社員と同等あるいはそれ以上に専門的業務を担当するパートがいてもかまいませんし、正社員の就業時間以上に勤務するアルバイトがいてもかまいません。

　ただし、年次有給休暇（年休）や法定労働時間（１日８時間・１週40時間）などについては、パート・アルバイトも正社員と同様、労働基準法による規制を受けます。パート・アルバイトも「労働者」として扱われるからです。労働基準法によると、「労働者」とは、職業の種類を問わず、事業または事務所に使用される者で、賃金（給与）を支払われる者とされています（９条）。パート・アルバイトも企業と雇用契約を締結し、企業に労働力を提供して、その対価として企業から給与をもらうことから「労働者」に該当し、労働基準法をはじめとする労働関係の法律による保護を受けるのは明らかです。

　正社員とパート・アルバイトとの違いは、業務内容、給与体系、契約期間、転勤などの労働条件の違いだけということになります。この点は、雇用する企業の側だけではなく、パート・アルバイトの側も認識していないことが多いようです。年次有給休暇や育児休暇、介護休暇などを、要件を満たしているのに「パート・アルバイトだから」という理由で与えないと法律違反となるため注意が必要です。

■ 短時間労働者（≒パートタイマー）とは ……………………

パートタイム・有期雇用労働法による定義
１週間の所定労働時間が同一の事業所に雇用される通常の労働者の１週間の所定労働時間に比べて短い労働者

例
・スーパーのレジ係 ・工場の作業員 ・コンビニの店員

パートタイマーを保護する法律について教えてください。

労働基準法などの他、パートタイム労働法が重要な役割を果たしています。

　労働基準法は、労働者が生活を営むために必要な最低限の労働条件についての基準を定めた法律です。この法律はすべての労働者に対して適用され、使用者に対しては労働条件の向上を図るよう努力することを求めています。

　最低限の労働条件として規定されているのは、賃金、労働時間、休憩、休日、年次有給休暇、災害補償、解雇などの項目です。これらの労働条件について法に定める基準を満たしていない労働契約はその部分について無効になります。

　パートタイマーであっても、所定の条件を満たすことによって有給休暇を取得することもできますし、予告なく解雇された場合は解雇予告手当を請求できるなどの権利を持っています。

　また、労働基準法だけでなく、労働契約法、最低賃金法、労働安全衛生法、労災保険法、男女雇用機会均等法、育児・介護休業法など労働者に関する他の法律についても適用されます。

●パートタイム・有期雇用労働法について

　パートタイム・有期雇用労働法とは、「短時間労働者及び有期雇用労働者の雇用管理の改善等に関する法律」の通称です。パートタイマーに対し適正な労働条件の確保や福利厚生の充実措置を講ずるため、事業主に対して労働基準法とは別に定められた法律です。

この法律でいう「短時間労働者」とは、「1週間の所定労働時間が同一の事業所に雇用される通常の労働者の1週間の所定労働時間に比べて短い労働者」という条件に該当する者をいいます（2条）。この法律はパートタイマーだけでなく、アルバイト、契約社員、臨時職員などという名称で呼ばれる雇用形態であっても、条件に該当すれば適用されるということです。

　同法では、パートタイム労働者を雇う事業主等が負うべき責務として、「通常の労働者との均衡のとれた待遇の確保等を図り、当該短時間労働者がその有する能力を有効に発揮することができるように努めるものとする」と定めています（3条）。具体的には、就業の実態などを考慮した上での適正な労働条件の確保、教育訓練の実施、福利厚生の充実、通常の労働者への転換の推進に関する措置などをいいます。

　なお、職務内容や人事異動等のしくみが通常の労働者と同一のパートタイム労働者については、有期・無期契約を問わず、差別化を図ることが禁じられています（9条）。

　その他、以下のような事項について定められています。
・昇給・退職手当・賞与の有無、相談窓口を明示した文書の交付（6条）
・短時間労働者用就業規則の作成、変更における短時間労働者の過半数代表者からの意見聴取の努力義務（7条）
・パートタイム労働者を雇い入れた場合の雇用管理措置内容（賃金制度や福利厚生など）の説明義務（14条）
・パートタイム労働者の相談に応じた体制の整備（16条）

　また、厚生労働大臣等が事業主に対し、必要に応じて報告を求め、または助言・指導・勧告等を行うことができます（18条）。

　なお、6条と18条の規定に反した場合は、科料が処せられる場合があります（30条、31条）。

正社員でない以上、パートの待遇を低くすることもやむを得ないと思うのですが、問題になるのでしょうか。

同じ労働をさせている場合、労働条件の取扱いについてより一層の考慮が必要です。

　現在の日本の社会を見渡してみると、雇用契約上はパートタイマーという名前であっても、正社員と同様の時間帯、時間数で働いている人もいますし、場合によっては残業などをこなす人、正社員と同等の業務をしている人がいるのも事実です。にもかかわらず、雇用形態が「正社員ではない」という理由で、正社員より低い待遇で働いているパートタイム労働者も多くいます。

　このような正社員とパートタイム労働者の待遇格差を解消するため、平成27年9月に「労働者の職務に応じた待遇の確保等のための施策の推進に関する法律（同一労働同一賃金法）」が成立しました。この法律の制定により、事業主はパートタイム労働者の労働条件の取扱いについてより一層の考慮が必要となりました。

　なお、パートタイマーの給与は通常、1時間単位の時間給で定められています。雇用期間については半年ごとまたは1年ごとの更新とされていたり、全く定めがなかったりとまちまちですが、一般的にはある程度長期間働いてもらえることを見込んで雇用するケースが多いようです。年次有給休暇や育児休暇、介護休暇など、要件を満たしているのに「パートタイマーだから」という理由で与えずにいると、法律違反となるため注意が必要です。

同一労働同一賃金ガイドラインはどんなことを規定しているのでしょうか。

正社員とパートタイマーの待遇差について、不合理であるかどうかの考え方や具体例を示しています。

　同一労働同一賃金ガイドライン（短時間・有期雇用労働者及び派遣労働者に対する不合理な待遇の禁止等に関する指針）は、正社員と非正規雇用労働者（パートタイマー労働者など）との間で待遇の差がある場合に、どのような待遇差があると問題となるのか、それとも問題とならないのかについて、具体的な事例や考え方を示しています。そして、不合理な待遇差を解消することにより、均等・均衡待遇を確保することを目標としています。指針では、①基本給、②賞与、③各種手当、④福利厚生、⑤教育訓練などについて、不合理な待遇差を解消するための具体的な事例や考え方が示されています。

　たとえば、①基本給においては、正社員と非正規雇用労働者とで勤務の実態に違いがなければ同一の支給を、違いがある場合は、違いに応じた適切な支給を行わなければならないとしています。②の賞与についても、同一の貢献には同一の支給を、違いがある場合は、違いに応じた支給が求められています。③の各種手当については、ガイドラインに記載されていない手当（退職手当、住宅手当、家族手当等の待遇）についても不合理な待遇差を解消するよう求められており、その際には、個別の事情に応じて、待遇について労使で話し合いをすることが望ましいとしています。

■ 同一労働同一賃金ガイドラインの主な内容 ……………………

短時間労働者・有期雇用労働者の雇用管理の
改善等に関する措置等についての指針の主な内容

①事業主は、短時間・有期雇用労働者にも労働基準法・最低賃金法
　など、労働関係の法令が適用されることを認識し遵守すること

②短時間・有期雇用労働者の雇用管理の改善措置・就業実態を
　ふまえた待遇措置を講ずるように努めること

③事業主は、一方的に労働条件を短時間・有期雇用労働者にとって
　不利益に変更することは法的に許されないと意識すること

④事業主は、短時間・有期雇用労働者の労働時間と労働日の設定・
　変更にあたっては、短時間・有期雇用労働者の事情を十分に考慮
　して定めるように努めること

⑤事業主は、短時間・有期雇用労働者については、できるだけ時間
　外労働、労働日以外の労働をさせないように努めること

⑥事業主は、短時間・有期雇用労働者の退職手当、通勤手当などに
　ついて、正社員との均衡を考慮して定めるように努めること

⑦事業主は、短時間・有期雇用労働者の福利厚生施設の利用について、
　就業実態・正社員との均衡を考慮した取扱いをするように努めること

⑧事業主は、短時間・有期雇用労働者から求められたら、法令で
　定められた事項以外の事項でも説明し、また、自主的な苦情処理
　による解決を図るように努めること

⑨事業主は、雇用管理の措置を講じるにあたって、短時間・有期雇用
　労働者の意見を聴くように努めること

⑩事業主は、短時間・有期雇用労働者が法律で認められた正当な
　権利を行使したことを理由に不利益な取扱いをしてはならないこと

⑪事業主は、短時間・有期雇用管理者を選任したときには、氏名を
　見やすい場所に掲示し、短時間・有期雇用労働者に知らせるよう
　に努めること

パート社員に年金や雇用保険、健康保険について質問されたのですが、必ず加入させなければいけないのでしょうか。加入させなくてよいのはどんな場合でしょうか。

令和6年10月以降は、従業員51人以上の規模の企業では社会保険の加入要件が変わることになります。

<p>

　パート社員の場合でも、国の定める適用要件を満たした場合は、社会保険や労働保険に加入させる必要があります。

　パート社員の定義として、パートタイム・有期雇用労働法では、「１週間に働く所定労働時間が、同じ事業所で働く正規労働者に比べて、短い労働者」のことを指しています。つまり、パート社員には、正社員より働く時間が短いこと以外は、すべて正社員と同じ扱いを受ける権利があります。たとえば、パート社員にも福利厚生の利用権利があり、働く日数に応じて有給休暇を与えなければならず、労働保険・社会保険に加入させる義務があります。

　ただし、すべてのパート社員を無条件に加入させなければいけないわけではなく、次の要件をすべて満たしたパート社員にのみ、社会保険の加入義務が生じるという取扱いになっています。

① 　会社が、社会保険の適用事業所（237ページ）である

② 　１週間の労働時間が、正社員の概ね４分の３以上

　　（正社員が８時間勤務の場合、６時間以上の勤務が対象）

③ 　１か月の労働日数が、正社員の概ね４分の３以上

　　（正社員が20日勤務の場合、15日以上勤務が対象）

　また、１週間の労働時間または１か月の労働日数が正社員の概ね４

分の３未満のパート社員の適用対象者についてが段階的に拡大され、令和６年10月以降は、以下の要件をすべて満たした場合に社会保険の加入義務が生じます。

① １週間の所定労働時間が20時間以上である

② 学生でないこと

③ 月収が88,000円以上である

④ ２か月以上の勤務期間が見込まれる

⑤ 従業員規模51人以上の企業である（現在101人以上）

　なお、社会保険に加入している40歳以上65歳未満のパート社員は、自動的に介護保険にも加入することになります。

●パートタイム労働者と労働保険の加入要件

　労働保険のうちの労災保険は、業務上・通勤時の災害で労働者が被害を被った場合に、療養費や遺族年金などの給付を行う制度です。労働者を１人でも雇用していれば、原則として労災保険の適用事業所として扱われ、加入が義務付けられます。雇用形態に関係なくすべての労働者に受給権利があるため、パート社員にも加入義務が生じます。雇用保険については、１人でも従業員を雇用している事業所であれば原則として加入義務があります。雇用保険に加入している事業所のパート社員は雇用保険に加入したものとして扱われますが、次の要件に該当する場合は雇用保険への加入ができません。

・１週間の労働時間が、20時間未満である

・31日以上の継続雇用が見込まれない者・季節的雇用者で、４か月以内の期間で雇用される者

・学生（定時制課程、休学中の者などを除く）

　上記の要件に該当しないパート社員は、社会保険各法や所得税法上における被扶養者であっても、雇用保険の加入義務が生じます。

企業は高年齢者の雇用を確保する義務があると言われていますが、高年齢者雇用安定法とはどのような法律なのでしょうか。

高年齢者の雇用の安定、再就職の促進を目的とした法律です。

　高年齢者雇用安定法とは、高年齢者の雇用の安定や再就職の促進などを目的とした法律です。高年齢者の定年に関する制限、高年齢者の雇用確保のために事業者が講じるべき措置、高年齢者雇用推進者の選任といった事柄が定められています。

　医療技術の発展による長寿化や少子高齢化の進展により、日本は世界でも未曾有の超高齢社会へと突き進んでいます。これらは、年金や医療などの社会保障財政のひっ迫の原因となり、年金支給年齢の引上げや、医療費の自己負担増など60歳を超えても働かないと生活が困難な状況となっています。一方、「令和3年度版高齢社会白書（全体版）」によると、60歳で定年を迎えても、何らかの職業に就いて働きたいと考える人が約9割になっており、就労意欲は高いことがわかります。

　そこで、高年齢者雇用安定法（高年齢者等の雇用の安定等に関する法律）では、65歳未満の定年制を採用している事業主に対し、①定年の引上げ、②継続雇用制度（高年齢者が希望するときは定年後も引き続き雇用する制度）の導入、③定年制の廃止、のいずれかを選択する義務を課し、高齢になっても働けるような労働環境を保障しています。

　また、令和3年4月からは70歳までの就業確保措置（163ページ）が事業者の努力義務（法律に定められていることを行うように努力する義務のこと）となりました。

高年齢者雇用推進者の選任や再就職援助措置について教えてください。

円滑な雇用確保や再就職を支援するために行われます。

　高年齢者雇用安定法では、定年の引上げや継続雇用制度の導入などの雇用確保の促進を円滑に推進するため、作業施設の改善などを担う高年齢者雇用推進者を選任するよう規定しています（11条）。高年齢者雇用推進者の選任は、努力義務ですので、選任しなかったからといって何らかの制裁を受けるわけではありません。

　また、事業主は、毎年、6月1日現在において雇用している高年齢者の状況、定年や継続雇用制度の状況について管轄の公共職業安定所に提出する必要があります（52条）。この届出は、従業員が31名以上の企業が毎年7月15日までに行う必要があります。

●**再就職援助措置などの実施**

　高年齢者雇用安定法では、高年齢者の再就職の促進、高年齢者が退職した場合に就業の機会の確保などの措置を取ることも規定しています。

　具体的には、再就職援助措置（15条）と求職活動支援書の作成（17条）が挙げられます。

　再就職援助措置では、定年や事業主都合によって高年齢者の解雇を行い、その高年齢者が再就職を希望した場合、事業主は求人の開拓や再就職の援助に努めなければなりません。また、この場合、求職活動支援書を作成し、高年齢者に交付しなければなりません。具体的には、高年齢者の職務の経歴、職業能力（資格、免許、技能等職業能力）な

どを記載し、公共職業安定所と協力して、高年齢者の再就職の援助をします。

●募集、採用時に年齢制限を行うことは原則禁止されている

労働者の募集や採用にあたり、65歳以下の年齢を下回ることを条件にする場合は、その理由を示さなければなりません。年齢制限を行う理由として認められるものは、「労働者の募集及び採用について年齢に関わりなく均等な機会を与えることについて事業主が適切に対処するための指針」に具体例が示されています。

たとえば、長期勤続によるキャリア形成や事業活動の承継や技能、ノウハウの継承を目的として、特定の年齢層の労働者を対象として募集や採用を行う場合などが該当します。

■ 高年齢者雇用安定法が定めるおもな内容（定年年齢に関するもの以外）

高年齢雇用推進者の選任 （11条）※1	高年齢者の雇用確保措置を円滑に進めるため高年齢者雇用推進者を選任する。
再就職援助措置 （15条）※1	解雇等により離職する高年齢者が再就職を希望する場合、求人の開拓など再就職の援助を行う。
多数離職の届出 （16条）	1か月に5人以上の高年齢者等（※2）が解雇により離職した場合、公共職業安定所へ届出を行う。
求職活動支援書の作成 （17条）	解雇等により離職する高年齢者が再就職を希望する場合、再就職援助措置を明らかにする書面を作成する。
募集・採用時についての 理由の提示（20条）	やむを得ない理由で一定の年齢を下回ることを条件にする場合、その理由を提示する。
雇用状況の報告 （52条）	高年齢者の雇用状況などを毎年7月15日までに公共職業安定所へ提出する。

※1　11条、15条は努力義務。
※2　高年齢者等とは45歳以上の者を指す。高年齢者は55歳以上の者を指す。

労働者派遣では、派遣会社、派遣先、派遣労働者の三者は、どのような関係にあるのでしょうか。

派遣会社に雇用されている派遣労働者が派遣先で働くことになります。

　正社員やパート・アルバイトとして働く場合は、労働者と雇用主である会社の間で直接雇用契約が結ばれます。

　これに対し、派遣社員（派遣労働者）として働く場合、労働者と雇用主だけではなく、派遣社員と派遣会社（派遣元）、派遣先が関わります。このような雇用形態を労働者派遣といいます。労働者派遣は、労働者と雇用主の一対一の関係と異なり、労働者である派遣社員を雇用している派遣会社と、派遣社員が実際に派遣されて働く現場となる派遣先の三者が関わる雇用形態です。労働者派遣は三者が関わるため、直接雇用と比べると少し複雑な雇用関係になります。

　正社員やパート・アルバイトの場合は、これらの労働者が雇用主に労働力を提供し、労働力に対する対価である賃金を雇用主が支払う労働契約（雇用契約）を結びます。派遣社員の場合は、派遣会社と派遣社員の間で雇用契約が結ばれますが、派遣社員が労働力を提供する相手は派遣先です。派遣先は、派遣社員に対して業務に関連した指揮や命令を出します。派遣社員の賃金は派遣会社が支払います。

　なお、派遣会社と派遣先の間では、派遣会社が派遣先に対して労働者を派遣することを約束した労働者派遣契約が結ばれます。

●労働者派遣にはどんな法律が関わるのか

　国内で働くすべての労働者には労働基準法が適用されます。労働者

派遣の場合でも、同法による労働時間や休日、賃金など、派遣会社・派遣先が守るべき労働者の最低基準が適用されます。

　その上で、派遣労働者には労働者派遣法（労働者派遣事業の適正な運営の確保及び派遣労働者の保護等に関する法律）が適用されることになります。労働者派遣法は、派遣労働者の権利を守るための法律です。派遣会社・派遣先に対し、労働基準法で保護することができない労働者派遣特有のルールが詳細に定められています。

　労働契約の成立・変更・消滅に関するルールを定めている労働契約法も重要です。賃金については、最低賃金法により派遣労働者の最低賃金は派遣先の事業場に適用される賃金水準が適用されます。

　なお、派遣労働者の賃金については、派遣会社・派遣先ともに配慮義務があります。派遣労働者には、直接雇用の労働者と同じ条件下で業務に従事できるよう、上記の法律の他にも、育児・介護休業法、男女雇用機会均等法など、さまざまな法律が適用されます。

■ 労働者派遣のメリット・デメリット

派遣先側の考え	派遣社員側の考え
メリット ・人件費（賃金・社会保険料・教育費など）の削減 ・即戦力となる人材の獲得 ・代替要員の容易な確保 ・雇用管理面の負担軽減化 ・紹介予定派遣の利用が可能	**メリット** ・自分のライフスタイルで働ける ・スキルを活かせる ・正社員へのステップにできる ・職場や職種を選べる ・対人関係の心配が減らせる
デメリット ・派遣社員の業務における責任が不明瞭 ・情報漏洩の危険性 ・直接雇用の社員より賃金が高い場合に社員から不満がでる	**デメリット** ・収入が不安定（原則として昇給・賞与がない） ・福利厚生面が希薄 ・経験や技術を得られにくい ・人間関係が希薄になる

第1章

募集・採用をめぐるトラブルと解決法

求人雑誌の広告を見て採用試験を受けましたが、最終面接で広告内容よりも低い給与額を呈示されました。法的に問題はないのでしょうか。

双方の合意があれば、広告と実際の労働条件が違っていても違法にはなりません。

労働者が会社の従業員として働く場合は、会社との間で労働契約（雇用契約）を結びます。労働契約とは、労働者がその会社の労働者として働くことと、それに対して会社が労働者に賃金を支払うことを約束する契約です。労働契約は、求職者の応募時点で成立するわけではなく、会社が採用面接などを経て採用を決定した時点で成立します。求人票（求人雑誌やWEBの広告など）に記載された労働条件は、確定した労働条件（雇用条件）ではなく、求人票の労働条件と実際に結ぶ労働条件が異なる場合があります。

もっとも、裁判例によると、求人票に記載された条件は、当事者間でこれと異なる別段の合意をするなどの特段の事情のない限り、労働契約の内容となります。

しかし、今回のケースでは、契約成立前に会社から広告を下回る金額が提示されています。このような会社の対応に法的な問題はなく、後は労働者が提示された額を承諾して労働契約を締結するかどうかの話になります。したがって、広告より低い給与を示した理由を確認し、会社の言い分に納得して入社するかどうかを判断しましょう。ただし、労働者に支払われる賃金には最低賃金法が適用されるため、事前に就労する都道府県の最低賃金額を調査し、これを下回っていないかを確認する必要があります。

Q2

採用されて契約書をもらったら業務委託契約書になっていました。通常の労働契約とは違い、労働基準法の保護は受けられないのでしょうか。

業務委託契約書であっても、労働契約と判断される場合は労働基準法の保護を受けられます。

　通常の労働契約（雇用契約）は、労働者が業務に従事して、それに対して使用者（会社）が賃金を支払うことを約束するという内容の契約です。労働者に該当する者は、原則として、労働基準法や労働契約法などによる保護を受けることができます。

　これに対し、業務委託契約は、受託者が特定の業務を完成させることを約束して、その業務の成果に対して委託者が報酬を支払うことを約束するという内容の契約です。いわば請負契約に類似している契約といえます。

　業務委託契約の場合は、労働契約と異なり、委託者が受託者を指揮命令するという関係は発生しませんので、受託者は労働者にあたりません。会社は、労働者を雇用する場合、その雇用保険や社会保険などを負担しなければなりませんので、人材を補充する際に、雇用契約ではなく業務委託契約の形式をとることが多く見られます。

　もっとも、契約書において業務委託契約の形式を整えている場合であっても、業務の時間・場所に拘束される程度や、業務に関する指示に受託者が従わなければならない程度が高く、委託者の指揮監督性が強いのであれば、契約書の名称に関わりなく労働契約であると判断されます。この場合、受託者は労働者として労働基準法などの保護を受けることが可能になります。

3

採用を前提に会社の研修に参加させられることになったのですが、研修は無給だそうです。法的に問題はないのでしょうか。

会社の指揮命令下で行われた業務性のある研修には賃金請求権が発生します。

　労働時間とは、使用者の指揮命令下に置かれ、労務を提供する際に労働者が現実に拘束されている時間を指します。そして、労働時間における労務の対価として、使用者から賃金が支払われます。労働時間にあたるか否かの基準は、主に使用者の指揮命令（指示）に基づいて労務を提供していることが重要になります。

　研修にもさまざまな種類がありますので、労働時間にあたるか否かも研修の形態により異なると考えられます。一般に採用前に行われる研修は自由参加であり、採用希望者が出席しなくても、何らかの不利益が与えられるものではありません。このような形態の研修は、会社の指揮命令下で行われる業務ということは難しいため、労働時間にあたらず、労働者の賃金請求権は発生しません。

　しかし、採用前の研修であっても、その内容が入社の業務との関連性があり（業務性がある）、会社の指揮命令に基づいて実施されているときは、一般に労働時間にあたると判断されます。たとえば、会社の命令により参加が強制されているような採用前研修であれば、労働時間にあたりますので、労働者の賃金請求権が発生し、会社は賃金の支払いが必要です。

２年の契約期間で働いているのですが、来年以降退職することは法律上認められないのでしょうか。

１年経過後に退職できるという暫定措置が認められています。

　契約期間については、法律上は、原則として３年、厚生労働省が認める高度な専門技術を有する場合や満60歳以上の労働者の場合は５年という上限が定められています。厚生労働省が認める「高度な専門技術を有する者」とは以下のような者のことです。

・博士の学位を有する者

・公認会計士や弁護士などの資格を有する者

・システムアナリスト資格試験合格者、アクチュアリーに関する資格試験合格者

・システムエンジニアとして一定年数以上の実務経験を有するシステムコンサルタントで、年収が1075万円以上の者

　企業がこのような高度な技術をもつ労働者を雇うケースもありますが、通常は上限３年と考えてよいでしょう。

　そもそも契約期間を定めず、無期契約で就労している場合は契約期間の制約を受けないため、労働者側はいつでも契約の解除を申し入れることができます。しかし、契約期間を定めた以上、その期間は退職できないのが原則です。ただ、暫定措置として、たとえば３年の契約期間で働いていたとしても、有期契約労働者には当該労働契約の期間の初日から１年を経過した日以後はいつでも退職できることが認められています（労働基準法附則137条）。なお、この暫定措置は、前述し

た高度で専門的な知識等を有する者と、満60歳以上の者には適用されません。

●契約期間を定める場合の注意点

　契約期間を定める場合と定めない場合で最も大きな違いとなるのは、契約解除の際の扱いです。契約期間を定める場合、契約は期間満了によって終了しますが、期間途中で解除することは原則としてできません。やむを得ない事情がある場合は、途中での解除が認められますが、その事情がどちらか一方の過失によって生じた場合は、相手方に対して損害賠償の請求ができることになっています（民法628条）。

　一方、期間を定めない場合は、民法では２週間前までに申入れをすることでいつでも解除することができるとされています（627条）。

　ただし、使用者が労働者を解雇するという形で契約を解除する場合は、労働基準法の規定により、少なくとも30日前に予告をするか、予告しない場合は30日分以上の平均賃金を支払わなければならないことになっています（20条）。

■ 有期労働契約締結の注意点 ･･････････････････････････

契約期間：（原則）上限３年

（例外）専門的な知識等を有する労働者
　　　　満60歳以上の労働者　　　　　　　　⎫上限５年
　　　　　一定の事業の完了に必要な期間を定める労働契約の場合
　　　　　… その期間

労働条件：（原則）自由に決定できる

　　※労働基準法、就業規則に定める労働条件よりも下回ることはできない。
　　　→労働条件の変更時も同様。不利益変更に注意する。

契約更新：雇止めに注意する

　　⎰契約締結時に更新の有無を明示せず、更新を労働者が期待している場合
　　⎱労働契約が反復更新され、実質的に無期雇用と変わらない場合
　　　３回以上契約更新された労働者　　　　など

1年契約の契約社員として勤務して4年になる社員については、正社員として扱わないといけないのでしょうか。

契約期間が5年を超えて更新されているかどうかが基準となります。

　有期の労働契約が通算して5年続けて更新され続けている状態で労働者側が希望する旨の申込みを行った場合は、有期の労働契約が無期の労働契約に転換されます。使用者は、労働者のこの申込みを自動的に承諾したとみなされるため、使用者側がこの申込みを拒否することはできません。無期の労働契約に転換した際の労働条件は、原則として、有期の労働契約を締結していたときと同様の内容になります。

　なお、契約期間が「通算5年」という要件ですが、クーリング期間、つまり働いていない期間がある場合、クーリング期間以前の契約期間は通算されず、クーリング期間以後の時点から通算することになります。通算するカウントの対象となる契約期間が1年以上の場合には、働いていない期間が6か月以上であればクーリング期間として扱われます。一方、カウントの対象となる契約期間が1年未満の場合には、クーリング期間はその期間に2分の1を掛けた期間に短縮されます（たとえば、契約期間が8か月の場合、4か月以上契約がない期間があると通算されないことになります）。

　このように、無期への転換制度が適用されるのは通算5年であるため、質問のケースのように勤務して4年の社員の場合、無期労働規約への転換対象にはならないことになります。

6 重要な労働条件は書面で明示し なければならないとのことです が、書面にはどんなことを記載し なければならないのでしょうか。

パートタイム労働者の場合、昇給や賞与の 有無などについて記載が必要です。

　労働契約とは、労働者が使用者に労務の提供をすることを約束し、使用者がその対価として賃金を支払う契約です。契約意識はなくても、雇用の合意だけで契約は成立します。

　ただし、どんな内容の労働契約を結んでもよいというわけではなく、さまざまな法令の制約を受けます。その中で主な基準となるのは労働基準法、労働組合法による労働協約、就業規則で、これらに違反しない労働契約であることが必要です。

●労働契約の内容とはどのようなものか

　労働条件というと、「会社側が一方的に定めるもの」というイメージもありますが、労働基準法では、労働条件は労働者と使用者が対等の立場で決めるべきだとしています（2条1項）。合意された内容のうち労働基準法で定める最低基準に満たないものは無効となり、同法に規定される内容がそのまま契約内容になります（同法13条）。

　労働者を雇い入れる際には、賃金、労働時間などの重要な労働条件を明確に説明することが義務付けられています（同法15条1項）。労働条件の明示は口頭でもかまいませんが、「賃金の決定、計算、支払いの方法、締切り、時期」などの一定の事項については、書面（労働条件通知書）を交付して明示しなければなりません（次ページ図）。

　また、パートタイム労働者を雇用する場合には、それらの事項に加

えて、①昇給の有無、②退職手当の有無、③賞与の有無、④雇用管理改善措置・相談窓口、について、文書などで明示することが必要です。正社員との待遇の差異を疑問に思うパートタイム労働者が多く見られることから、待遇を改善するための措置内容や疑問を受け付けるための体制を整え、窓口を明らかにしなければなりません。

なお、労働契約は、法律や規則にのっとった内容で書面化され、決定されます。そして、契約内容が記された就業規則を備え付けるなどの方法で、職場内に明示することが義務付けられています。

■ パートタイム労働者に対して明示が必要な労働条件 …………

書面で明示しなければならない労働条件	● 労働契約の期間に関する事項 ● 期間の定めのある労働契約を更新する場合の基準に関する事項 ● 就業場所、従事すべき業務に関する事項 ● 始業・終業の時刻、所定労働時間を超える労働の有無、休憩時間、休日、休暇、交替勤務制の場合の交替に関する事項 ● 賃金（※）の決定・計算・支払の方法、賃金の締切・支払の時期、 ● 退職・解雇に関する事項
右に示した事項を使用者が定めている場合には明示しなければならない労働条件	● 退職手当の定めが適用される労働者の範囲、退職手当の決定・計算・支払の方法、退職手当の支払の時期に関する事項 ● 臨時に支払われる賃金（退職手当を除く）、賞与・賞与に準ずる賃金、最低賃金に関する事項 ● 労働者の負担となる食費、作業用品などに関する事項 ● 安全、衛生に関する事項　● 職業訓練に関する事項 ● 災害補償、業務外の傷病扶助に関する事項 ● 表彰、制裁に関する事項　● 休職に関する事項

※　退職手当、臨時に支払われる賃金、賞与、昇給に関する事項などを除く

 **Question 7** 所定労働時間や始業・終業の時刻はどのように設定したらよいのでしょうか。

 **Answer** パートやアルバイトなどの業務の内容や個別の事情を考慮して決めることになります。

　所定労働時間（労働契約によって定められた労働者が労務に従事する時間）や始業・終業の時刻は、労働者にとって賃金と並んで重要な事項です。特にパート（パートタイマー）やアルバイトという雇用形態を選択する労働者の場合、「子どもを幼稚園・保育園に送迎する時間には仕事が終わっていなければいけない」「学生なので授業のある時間まで残業はできない」などといった時間の制約があることも多いです。何時が始業時刻で何時に終業時刻になるかということは、就業先を決めるための重要な要素になりますので、労働契約を締結する際には双方で十分に確認をして決めていきましょう。

　始業・終業の時刻は、就業規則の中に必ず記載しなければならない項目のひとつ（労働基準法89条）ですから、多くの会社では標準的な時刻が定められているはずです。通常は、就業規則に始業・終業の時刻を定め、その就業規則の提示によって労働条件を明示したことにすればよいのですが、必ずしも就業規則の範囲内で働かせなければならないことにはなりません。使用者と労働者の間で合意があれば、業務の内容や個別の事情を考慮して、始業・終業の時刻を変更してもよいのです。その場合は、労働条件通知書などの様式を用いて、原則として始業・終業の時刻を文書で明示する必要があります。

始業前の清掃や準備体操の時間は労働時間ではないのでしょうか。純粋な作業時間だけが労働時間でしょうか。

会社の指揮命令の下で行う清掃や準備体操は労働時間にあたります。

労働時間とは、就業規則・労働契約などの定めにかかわらず、労働者が使用者（会社）の指揮命令の下に置かれている時間を指します。つまり、休憩時間を除いた労務に従事している時間（実労働時間）のことです。そのため、作業従事者の場合には、純粋な作業に従事する時間以外にも、その作業に関連する行為をしている時間が労働時間に含まれる可能性があります。

労働時間にあたるか否かは、労働者が使用者の指揮命令の下に置かれているか否かによって判断されます。たとえば、就業規則によって1日の就業時間が8時間と設定されていても、その前に行う準備行為が会社の指揮命令の下で行われている場合には、その準備行為も労働時間に含めなければなりません。労働者は、労働時間に応じて会社側から賃金を受け取ることができるため、労働時間にあたるときは、会社は、純粋な作業に従事する時間以外に行われた労働者の行為についても、賃金の支払いが必要になる場合があります。

始業前の清掃や準備体操をする時間は、純粋な作業に従事する時間ではありません。しかし、作業の前段階として労働者の義務の一環として行われている場合には、会社の指揮命令の下で行われていると評価され、労働時間に含まれると考えられます。

Q9 家庭の事情などを理由に頻繁に労働時間や休憩時間を変更して勤務している者がいて困っています。どのように対処すべきでしょうか。

労働者が勝手に労働時間や休憩時間を変更することは、労働契約に違反する行為です。

　労働契約で定めた労働条件を変更するためには、原則として、使用者・労働者間で合意をすることが必要です。どちらかが一方的に労働時間や休憩時間を変更することはできません。

　また、使用者には、賃金を正確に支払うため、労働者の労働時間を把握・管理する義務があります。具体的には、タイムカードなどを利用して、労働日ごとの始業・終業時刻を確認・記録しなければなりません。労働者が頻繁に労働時間や休憩時間を変更する行為は、使用者による労働時間の把握・管理を阻害する行為だともいえます。

　使用者と労働者は、ともに労働契約に拘束されますので、その内容を遵守する義務が課せられています。したがって、労働者が労働契約の内容に従わないことは、労働契約に違反する行為となります。労働者が勝手に労働時間や休憩時間を変更することは、それ自体が懲戒などの措置の対象になることを労働者に示す必要があるでしょう。

　ただし、労働者が頻繁に労働時間や休憩時間を変更するのは、何らかの事情があるかもしれません。使用者としては、労働者の抱えている事情を確認し、シフト制の導入を検討したり、閑散期の労働時間を減らしたりするなどの対策をとるべきだといえるでしょう。

Q10 Question パートとして採用した労働者について、7日間の試用期間満了を待たずに5日目に本採用の拒絶をしたのですが、解雇手当を要求されました。支払いが必要でしょうか。

Answer 入社日から14日を経過していなければ、解雇手当の支払いの対象にはなりません。

労働者にとって、試用期間はそれが終わると会社から本採用をしてもらえるとの期待が膨らむと同時に、不安定な地位にある期間です。パートなどの非正規雇用であっても、試用期間中は就職活動が中断するので、本採用にならなかった場合に労働者の受けるマイナスは大きなものがあります。

これに対し、会社にとっては、試用期間は労働者の能力や適性を見極めて、自社の労働者としてふさわしいかどうかを判断するための期間です。そして、労働基準法によると、解雇予告または解雇予告手当の支払いなく本採用を拒絶できる（解雇できる）のは、労働契約または就業規則に試用期間を定めていることを前提として、採用日から14日以内です。14日を経過した場合は、パート採用した労働者であっても、解雇をする際には解雇予告や解雇手当の支払いが必要です。ここでの「14日」は、労働者の労働日（出勤日）ではなく、暦日でカウントしますので、土日や祝日も含めます。

今回のように、会社が採用日から14日以内に本採用しないことを労働者に伝えていた場合は、解雇手当を支払う必要がありません。ただし、合理性のある解雇理由（本採用拒絶理由）があることは当然に必要となります。なお、試用期間中の解雇については、解雇理由の制限が本採用後よりも緩やかに考えられることになっています。

会社から、「正社員からパートに変更する」と通告されたのですが、従わなければならないのでしょうか。

会社が労働者本人の同意なくして、雇用形態を変更することは認められていません。

　正社員とパートは、基本的な労働条件が全く異なるのが一般的ですし、身分保障の程度（契約期間の定めの有無など）も違います。

　労働契約法では、労働契約の内容の変更について、「労働者及び使用者は、その合意により、労働契約の内容である労働条件を変更することができる」（8条）という原則を示しています。したがって、一方の当事者が労働条件の異なる契約形態への変更を求めるときは、相手方の同意を得なければならないのが原則です。

　もっとも、正社員からパートへの変更は、両者の基本的な労働条件が全く異なるのが一般的ですから、両者の合意の上で、現在の正社員としての契約を合意解約した上で、パートとしての労働契約を締結し直すことも行われています。その際、労働者としては、退職金を上積みするなどの優遇措置の有無を確認しておくとよいでしょう。

　なお、正社員からパートへの変更に同意しない労働者を、会社が解雇することも考えられますが、労働者の解雇は、客観的に合理的な理由がなく、社会通念上相当と認められない場合は無効となります（解雇権の濫用）。解雇されたときに、「会社の業績が悪化しているなどの事情がないのに、契約形態の変更を迫られ、同意しなかったら解雇された」といった主張ができるように、客観的資料（会社の業績を示す社内文書など）を用意・確保しておきましょう。

会社から、「正社員から社内請負に変更する」と通告されました。納得がいかないのですが、従わなければなりませんか。

会社が一方的に社内請負へと変更することは認められませんが、メリットがあれば変更に同意することは可能です。

　請負契約とは、請負人が仕事を完成することを約束し、注文者が完成した仕事に対して報酬を支払う契約です。たとえば、一戸建ての住宅の建築を発注する場合が典型的な請負契約の例です。労働者が会社と結ぶ労働契約とは違い、請負契約の場合は、仕事をどのように完成させるかは請負人の自由です。労働契約のように使用者の指揮監督の下で労務に従事する必要はないのです。

　請負契約を結ぶと、これまでの使用者と労働者という上下関係はなくなり、使用者とは対等の関係になります。また、労働者ではなく請負人となるため、労働基準法などの保護が得られなくなります。

　もっとも、請負契約に切り替わったとしても、これまでと同じく、同じ時間に出社し、使用者から指揮命令を受けていれば、請負契約ではなく労働契約と判断されます。会社によっては、労働保険や福利厚生費を支払いたくないため、従業員との契約を労働契約から請負契約に変えるところもありますので、注意が必要です。

　なお、会社は労働者との契約形態を労働契約から請負契約へと一方的に変更することはできません。変更する場合には労働者の同意が必要になりますので、まずは請負社員となった場合のメリットとデメリットをよく考えて結論を出すべきでしょう。

パートタイマーであっても勤務地の変更や配置転換を命じることができるのでしょうか。

可能ですが、あらかじめ就業規則などに規定を設けておくことが重要です。

配置転換や転勤（勤務地の変更）は、労働者を適材適所に配置するために必要な行為です。事業主は、業務の円滑な遂行のために必要であり、人材育成といった正当な理由があれば、配置転換や転勤を行うことができます。このことは法律に明確に規定されているわけではありませんが、「協約・就業規則に転勤命令の規定があり、転勤が頻繁に行われ、かつ採用時に特に勤務地を特定されなかった場合、使用者はその裁量により労働者の勤務場所を決定することができ、業務の必要がないなど特段の事情がなければ転勤命令は権利の濫用とはならない」という最高裁判所の判例が出ています。

正社員だけでなく、パートタイマー（パート）についても配置転換や転勤の制度を設けている会社はあるようです。しかし、パートタイマーの場合は時間的制約があり、現在の業務、勤務地だから選択したという人が多いので、会社から配置転換や転勤を命じられても、容易に受け入れられないことが多いでしょう。場合によっては、訴訟に発展することや、パートタイマーの離職によって人員不足に陥ることがあり得ますので、配置転換や転勤を予定する場合は、あらかじめ就業規則などに規定を設けておくのは当然のこととして、労働契約の締結段階で、文書と口頭によって配置転換や転勤の可能性を明示し、労働者の意向を確認しておくことが必要です。

14 **Question** パートタイマーのスキルをアップさせるために能力開発や教育訓練をさせたいと思っているのですが可能でしょうか。

法律上も努力義務が課されており、教育訓練を実施させることが望ましいといえます。

　パートタイマーを補助業務者として雇用する場合や、パートタイマー自身もそうした雇用形態を望む場合は別ですが、会社としてパートタイマーの能力を積極的に業務に活かしたいと考えている場合、能力開発や教育訓練の実施を検討することも必要になってきます。

　パートタイム・有期雇用労働法も、通常の労働者との均衡を考慮しつつ、その雇用する短時間労働者の職務の内容、職務の成果、意欲、能力および経験等に応じ、当該短時間労働者に対して教育訓練を実施するように努めることを、事業主に求めています（パートタイム・有期雇用労働法10条）。

　能力開発や教育訓練を実施する場合、外部の研修に参加したり社内に教育係を置いて実際の実務に添って訓練を行うといった方法がありますが、何よりもまずパートタイマーがそのような機会に参加しやすい環境を作ることが重要になります。

　たとえば、研修の種類や目的、流れなどが把握できるような表を作成したり、訓練に参加することによって従事できるようになる仕事内容を明確にしたり、賃金体系の中に技能給を組み込んだりといったように、パートタイマーが目標意識を持って研修や訓練に参加できるような体制づくりを検討すると効果的です。

私は身体障害者で求職活動を考えています。法律や制度上、障害者の雇用についてどんなサポート制度がありますか。

法定雇用率2.3％達成の指導など働きやすい環境づくりが整備されています。

　障害者の就労支援については、国や自治体によりさまざまな取り組みが行われており、障害者雇用促進法により、障害者が働きやすい環境も徐々に出来上がっています。

　まず、障害者の就労の場を拡大する一環として、従業員43.5人以上の企業では「障害者雇用推進者」を設置することが義務付けられています。障害者雇用推進者は、障害者が安心して就労できるような環境づくりや雇用状況の把握、雇入れ計画の策定などを行います。さらに、5人以上の障害者が就労する事業所は、障害者職業生活相談員を選任し、障害者の就労にまつわる相談や指導を行わなければなりません。

　また、障害者の雇用率が低い企業に対しては、法定雇用率2.3％を達成するように指導が行われ、達成率が悪いときは適正実施勧告が行われます。さらに、常時雇用している労働者数が100人を超える事業主は、障害者雇用納付金の申告が必要です。一方、法定雇用率を達成している事業主に対しては、障害者雇用調整金や報奨金が支給されます。

　なお、雇用義務の対象となる障害者は、身体障害者と知的障害者、精神障害者（精神障害者保健福祉手帳の交付を受けている者に限る）となります。

在留資格のある外国人は日本人労働者と同じ待遇で働くことができるのでしょうか。

大前提として、在留資格を取得している必要があり、在留資格によって認められた仕事の範囲や期間でしか働けません。

　外国人労働者が日本で働くためには、滞在し活動するための資格（在留資格）が必要です。在留資格とは、外国人が日本に入国や在留して行うことができる行動等を類型化したものです。詳細は出入国管理及び難民認定法により規定されていますが、現在は33種類の在留資格が定められ、これに該当しなければ90日を超える滞在は認められていません。在留資格や出入国の管理について規定している法律が「出入国管理および難民認定法（入管法）」です。会社が労働する在留資格のない外国人を労働させると違法になるので、通常、会社は在留資格のない外国人を雇いません。

　在留資格については、種類別に許される仕事が決められています（次ページの図）。在留資格は、期間が決められていて、期間が切れた場合は、更新しなければなりません。そのため、在留資格を更新せず、期間が切れている外国人は不法就労になります。不法就労をした外国人は日本から強制送還（退去強制）させられ、最大10年間、日本への再入国ができなくなります。もっとも、法務大臣により「高度専門職１号」に認定され、さらに「高度専門職１号」の在留資格で３年以上在留している外国人には「高度専門職２号」の在留資格が付与され、在留期間が無期限となるなど、幅広い優遇措置が認められます。

また、在留資格がないことを知った上で外国人を雇用したり、不法就労をあっせんしたりした使用者は処罰の対象となります。

　その一方で、不法就労であるか否かを問わず、外国人にも労働関係の法律（労働組合法、労働基準法、最低賃金法、職業安定法、労働安全衛生法、労働者派遣法など）が適用されます。たとえば、法定労働時間を超えて外国人を労働させた場合は労働基準法に違反します。

　また、労働基準法3条は、労働者の国籍などを理由に、賃金、労働時間、その他の労働条件について差別的待遇をしてはならないと規定しているため、日本人と同じ仕事をさせているにもかかわらず、外国人に安い賃金しか支払わないのは労働基準法に違反します。

　したがって、外国人であることを理由に賃金を安くした場合には、労働基準法に違反する差別的待遇にあたるとされ、会社は損害賠償請求を受けるおそれがあります。

■ **就労が認められる主な在留資格** ……………………………………

在留資格	内　容	在留期間
教育	小学校・中学校・高校などの教育機関で語学の指導をすること	5年、3年、1年または3か月
医療	医療についての業務に従事すること	5年、3年、1年または3か月
興行	演劇やスポーツなどの芸能活動	3年、1年、6か月、3か月または15日
法律・会計業務	外国法事務弁護士、外国公認会計士などが行うとされる法律・会計業務	5年、3年、1年または3か月
技術・人文知識・国際業務	理学・工学・法律学・経済学などの知識を要する業務	5年、3年、1年または3か月
報道	外国の報道機関との契約に基づいて行う取材活動	5年、3年、1年または3か月

外国人留学生を雇用する際にはどんな点に注意すべきなのでしょうか。

在留資格を有する業務であるか、学歴や経歴、技術や知識を活かした業務であるのか注意が必要です。

　日本に留学している外国人を企業が雇うときの前提として知っておかなければならないのは、日本で雇用できる外国人は「高度な専門的能力を持った人材」に限られるということです。

　外国人を雇用する際は、従事させる予定である業務の内容や、その外国人の学歴・経歴、従事させようとする業務が本人の持っている技術や知識を活かせるものか、本人の技術や知識を活かせる機会が存在するか、という点に注意します。近年は、企業の人材活用が多様化しつつあり、人文系の勉強をしていた学生でも、業務の内容によっては技術系の企業に就職することができるのです。

●配置転換には注意しなければならない

　他部署への配置転換にも注意が必要です。外国人の場合、原則として在留資格に基づく活動しかできませんので、在留資格が「医療」であれば医師などの業務、「研究」であれば研究者などの業務にしか就労させることができません。そこで、仕事内容を頻繁に変更せざるを得ない場合には、たとえば、1週間の勤務時間の大半を在留資格のある業務で働いてもらい、残りの勤務時間を他の部署での勤務に充当するなどの工夫が必要です。

18 Question 技能実習制度とはどんな制度なのでしょうか。注意点があれば教えてください。

Answer 日本の企業が主に開発途上国の労働者を受け入れて技能や技術などの修得をめざす制度です。

技術実習制度とは、日本で培われた技能・技術・知識などを主に開発途上国へと移転し、その国の経済発展や人材育成を支援することを目的とした制度です。かつての技能実習制度は、技能実習生が単純作業をするための労働者のように扱われていたことが問題視されていました。また、長時間労働や賃金の不払いといった問題も起こり、諸外国から批判を浴びました。

平成29年施行の新たな技能実習制度の下では、技能実習生の法的地位の安定化が図られており、入国1年目からの労働基準法や最低賃金法などが適用されます。また、監理団体の指導・監督・支援なども技術実習が終了するまで（最長3年間が原則）行われます。そして、技能実習生に対する不正行為は厳しく処罰されます。たとえば、技能実習生を受け入れる際に、パスポートを預かることや、私生活の自由を不当に制限する行為などが不正行為と認定されます。

過去には実習実施機関において、技能実習生の失踪防止などと称して、パスポートや外国人登録証明書を保管するケースが多数存在しました。他にも、①偽造・変造文書の作成・行使、②保証金・違約金の徴収、③暴行・脅迫・監禁による実習の強制などの行為は処罰の対象となる他、民事上の損害賠償責任を追及されることもあります。

外国人を雇用するときも労働条件通知書などは日本語の様式を使うのでしょうか。

母国語で記載した書面を用意し、内容を理解してもらうことが大切です。

　外国人を雇用する場合に注意すべきなのが、外国人向けの雇用契約書（労働契約書）、労働条件通知書（雇用条件通知書）、賞罰規程を整備することです。日本に来る外国人が必ずしも日本語が流暢だとは限りません。現在では、厚生労働省から外国人向けの労働条件通知書のモデルも公開されていますので、これを参考に外国人向けの労働条件通知書を整備するようにしましょう。

　雇用契約書については、フルタイムの労働者（主に正社員）として雇用する場合の契約書の他に、留学目的で来日した外国人留学生をアルバイトなどで雇用する場合の契約書を用意します。いずれの場合も契約書で在留資格に問題がないのを確認することが必要です。

　「留学」の在留資格で在留する外国人の場合、労働時間について原則として1週28時間以内という制限があるので注意しなければなりません。日本語の書式と同じ内容である、外国人の母国語の契約書を用意しておくとよりよいでしょう。

　また、外国人の母国で慣習として行われていることでも、日本の会社では違反扱いになることもあります。そこで、自社の労働条件や賞罰規程などを母国語で記載した書面（外国人の同意があるときは、電子メールやPDFなどの電磁的記録でもかまいません）を用意し、採用時点で十分に理解してもらうようにしましょう。

20 Question 外国人労働者の労働保険・社会保険の加入について注意しておくべきことはありますか。

Answer 加入が義務付けられるケースがあることを説明する必要があります。

　労災保険・雇用保険については外国人労働者も日本人と同様に制度に加入しますので、外国人労働者も含めて労災保険料、雇用保険料を納付します。雇用保険の場合、1週間の労働時間が20時間未満の労働者であれば対象から外れますので外国人労働者の労働条件と照らし合わせて加入の要否を判断することになります。

　社会保険についても、法人や、個人事業の適用事業所であれば、外国人労働者も含めて労働者に加入義務が生じます。健康保険については、被扶養者（親、子・孫、弟妹など）も含めて保障の対象となります。ただし、労働者本人だけが単身赴任により日本で働き、家族は本国にいるという場合、家族のケガ・病気の治療費について日本の健康保険を使うことはできません。厚生年金については、本国の制度との二重加入の防止、受給資格期間を計算（加入期間の通算）する目的で、日本が諸外国と社会保障協定を結んでいます。したがって、その外国人労働者の本国と社会保障協定が結ばれているかどうかを確認するようにします。また、外国人労働者が帰国する際に、支払った保険料がムダにならないようにするための脱退一時金という制度もあります。保険料の負担が煩わしいことを理由に加入したがらないことがよくありますが、加入が必要になる場合もあるので丁寧に説明するようにしましょう。

第2章

労働条件をめぐるトラブルと解決法

パートタイマーを含めて10人を超える事業場の場合、就業規則は必要なのでしょうか。

労働者にはパートタイマーも含まれるため、パートタイマーを含めて常時10人以上であれば、就業規則の作成と届出が義務付けられます。

　就業規則の作成と届出が義務付けられているのは、常時10人以上の労働者を雇用する事業場です（労働基準法89条）。ここでいう「労働者」とは、「職業の種類を問わず、事業または事務所に使用される者で、賃金を支払われる者」（同9条）であり、この定義に該当するのであれば正社員、準社員、パートタイマー（パート）、アルバイトなど雇用形態は問われません。つまり、5人の正社員と5人のパートを雇用している事業場でも、「常時10人以上の労働者を使用する」として就業規則の作成と届出の義務を負うことになるわけです。

　就業規則には、始業・終業の時刻、休憩、休暇、賃金、退職・解雇に関する事項などを記載することになっており、それを誰に適用するかについては、各事業場がそれぞれの事情に応じて決めることができます。たとえば、正社員とパートについて、就業時間や賃金体系などに大きな違いがある場合には、同じ就業規則を適用させるのが難しいので、それぞれに応じた就業規則を作成することもできます。

　また、就業規則の条項が増えてしまうと、読みづらくなり、変更の手続きが煩雑になる可能性もあるため、賃金や退職金などに関する条項の詳細を別規程（賃金規程、退職金規程）として作成する方法もあります（別規程も就業規則に含まれます）。

2

Question

パートタイマーを正社員にするにはどうしたらよいのでしょうか。

nswer 労働条件の異同などを説明して同意を得た上で、現在の労働契約を変更するか、新たな労働契約を締結することになります。

　パートタイム労働者の中から一定の基準をクリアする人を正社員として採用することは、人材の確保の方法として有効といえるでしょう。パートタイム・有期雇用労働法でも、正社員（通常の労働者）への転換を推進するための措置を講じることは、事業主（会社）の義務とされています（13条）。パートを正社員にする際には、パートとして働いている労働者が、労働時間、労働日数、契約期間の定めの有無、業務内容、賃金などの労働条件の変更を十分に理解し、それに同意していなければなりません（労働契約法8条）。その上で、現在の労働契約を正社員としての労働契約に変更するか、または現在の労働契約を合意解約して新たに正社員としての労働契約を締結します。

　パートタイム労働という働き方について法的に明確な定義があるわけではありませんが、一般的には以下の①〜⑤の違いが見られます。賃金などの面で正社員のメリットは大きいですが、育児・介護をする家族がいる、責任の増大によるストレスを受けたくないなどの事情で、あえてパートを選択していることもあります。そこで、パートを正社員にする前に、労働条件の変更を十分に理解させることが重要です。

① 　労働時間

　パートの方が労働時間や労働日数が短いのが一般的で、残業や休日

出勤も少ないです。

② **賃金**

時給制や日給制が多いパートに比べて、正社員は日給月給制または月給制であることが多く、時給制に比べて収入が安定します。

③ **休暇や休業の制度利用**

年次有給休暇（年休）、育児休業、介護休業などは、一定の条件を満たせばパートでも取得する権利があります。ただ、正社員になると年休の日数が増えるのが一般的です。

④ **昇進・昇給・配置転換などの制度**

パートに比べて、正社員は、昇進・昇給のスピードが速い反面、責任が増大します。配置転換や転勤の対象になることもあります。

⑤ **福利厚生**

社会保険加入の他、施設利用などの面で正社員の方が有利です。

■ パートタイマーとアルバイトと正社員の違い …………………

	正社員	パートタイマー	アルバイト
雇用期間	期間の定めなし	期間の定めあり	期間の定めあり
賃金形態	日給月給、月給、年俸制	時間給、日給	時間給、日給
1日の労働時間	フルタイム	短い	
年次有給休暇	有	有	有
賞与	会社の判断による	会社の判断による	会社の判断による
交通費（通勤費）	会社の判断による	会社の判断による	会社の判断による
昇給制度	会社の判断による	会社の判断による	会社の判断による
退職金	会社の判断による	会社の判断による	会社の判断による
定年	有	一部有	一部有
福利厚生	有	一部有	一部有
社会保険	有	一部有	一部有

※実際とは必ずしも一致しない場合がある。

3 Question

国で定めた最低賃金以上の賃金を受け取ることができるそうですが、自分の賃金が最低賃金を上回っているかどうかはどのように調べればよいのでしょうか。

最低賃金に「含めない賃金」を除いて比較することが必要です。

　最低賃金法によると、会社などの使用者は、国が定めた最低賃金額以上の賃金を労働者に支払わなければならないとされています。最低賃金は、雇用形態や名称を問わず、すべての労働者と使用者に適用されるのが原則です。最低賃金額に満たない額の賃金しか支払わない使用者には、刑事罰が科されます（50万円以下の罰金）。

　受け取っている賃金が最低賃金を上回っているかどうかを比較する場合、臨時に支払われる賃金や時間外勤務手当、休日出勤手当など、「含めない賃金」を除外して比較します（次ページ図）。つまり、最低賃金の対象となる給与とは、主に基本給をベースとしたものと考えることになります。

　月給制の形態で給料（賃金）を受け取っている労働者の場合、月給額を「1年間における1か月の平均所定労働時間数」で割って算出した1時間当たりの賃金額が、最低賃金額を上回っているかどうかで判断します。出来高払制や請負制の場合、賃金の総額を労働した総労働時間数で割って時間当たりの金額に換算し、最低賃金額と比較することになります。

　最低賃金には、①地域別最低賃金、②特定最低賃金（従来の産業別最低賃金）があります。どちらも都道府県ごとに設定されており、ほぼ毎年改正されています。地域別最低賃金と特定最低賃金が競合する

場合は、金額の高い方の最低賃金以上を支払わなければいけません。地域別最低賃金は都道府県ごとに時給で設定されています。

　なお、最低賃金については、最低賃金が生活保護水準を下回る、いわば「働かない方が得」といった現象が生じることが問題視されていましたが、現在各都道府県で適用されている最低賃金の水準ではこの逆転現象は解消されています。

●最低賃金の減額特例もある

　従事する業務が最低賃金の適用を受ける労働者と比較して特に軽易な場合、一般の労働者と比べて著しく労働能力の低い場合などについては、最低賃金減額のための特例許可申請書を提出し、都道府県労働局長の許可を得ることによって最低賃金額を下回る賃金を設定することができます。

■ 最低賃金の適用が除外される場合 ………………………………

最低賃金に算入されないもの	最低賃金の減額の特例許可
最低賃金の対象となる賃金は毎月支払われる具体的な賃金に限られるため、以下のものは不算入	使用者は、雇用する労働者が次のいずれかに該当するときは、都道府県労働局長に申請して許可を受けた場合に、最低賃金を減額することが可能
・臨時に支払われる賃金・手当（結婚手当など） ・１か月を超える期間ごとに支払われる賃金（賞与・一時金など） ・時間外労働・休日労働に対して支払われる賃金 ・午後10時〜午前５時までの労働に対して支払われる深夜割増賃金 ・精勤手当・皆勤手当・家族手当	・精神・身体の障害により著しく労働能力の低い者 ・試用期間中の者 ・基礎的な職業訓練を受講中の者 ・軽易な業務に従事する者 ・断続的労働に従事する者

4 Question

パートタイマーの給料はどのように決めるのでしょうか。時給や日給ではなく月給にすることも可能なのでしょうか。

近隣の相場や経営状況をふまえて金額・支払方法を決定します。

　パートタイマー（パート）の賃金を決める際、会社（使用者）としては、できるだけ安い賃金で労働力が確保できる方がよいのですが、あまり低い賃金を設定すると、人材が集まらず、最低賃金法に違反することにもなりかねませんので、近隣で同様の職種の求人をしている会社の賃金を参考に設定する方法などが考えられます。また、労働者の確保が難しい時期に優秀な人材を集めるには、他社よりもよい条件が必要です。逆に、人材が余っているときは、低めの賃金でも応募者が殺到することもあります。賃金を決定する際には、「近隣の相場」と「労働力市場の状況」が重要だといえるでしょう。

　パートタイマーの場合、給与は時給あるいは日給で支払われることが多いといえますが、会社と労働者本人が合意していれば日給月給制（月給が決まっており、欠勤・遅刻・早退をした分を差し引く給与体系）で計算することもできます。

　昇給（賃金アップ）や賞与の支給については、短期間契約のパートタイマーであれば必要ないかもしれませんが、会社の重要な戦力と位置付けているのであれば、パートタイマーの士気向上のためにも昇給や賞与の支給について検討すべきでしょう。

　昇給は勤続年数や経験・技術の向上を考慮して行われるのが一般的です。昇給幅は各会社の事情によって決定すればよいでしょう。賞与

は雇用契約書や就業規則などに支給要件を定めている場合は賃金の一種として扱われるため、パートタイマーであっても支給要件を満たすのであれば支払わなければなりません。正社員とは支給要件を変えたい（またはパートタイマーには賞与を支給したくない）場合は、それを規定した就業規則の整備が必要です。また、パートタイム・有期雇用労働法では、書面（労働者が同意したときは電子メールやFAXなどでも可能）で明示しなければならない労働条件に、賞与の有無、昇給の有無、退職金の有無なども含まれます。

●賃金の支払日が正社員と違ってもよいのか

　賃金の支払日が正社員とパートタイマーで違っても、法的な問題はありません。ただし、賃金の支払については、労働基準法に「毎月1回以上、一定の期日を定めて支払わなければならない」（24条2項）という規定がありますので、この要件を満たすように支払日を設定しましょう。また、賃金の計算や支払の方法、支給の時期などは就業規則に記載しなければなりません）。正社員とパートタイマーが同じ就業規則を使用している場合は、就業規則の変更が必要です。

■ パートタイマーの賃金と昇給 ……………………………………

賃金の決定
◆パートタイマーの経験・資格等 ◆会社の実績 ◆パートタイマーが従事する仕事の内容 ◆近隣同業他社の相場 ◆労働力市場の状況　　など ↓ 以上の事情などを考慮し、最低賃金を下回らない額とする

昇級・賞与
◆パートタイマー勤続年数 ◆会社の実績 ◆パートタイマーの会社への貢献度 ◆知識、経験、技術の向上度合い ◆就業規則などによる取り決め 　　　　　　　　　　など ↓ 以上の事情などを考慮し、昇給・賞与の有無などを決定する

 **5 Question** 契約社員が業務外でパソコンを無断使用したらしく、一部の重要データが破損しました。給料から修復費用を差し引くことは可能でしょうか。

 賃金は全額払いが原則ですので、労働者の同意がある場合を除き、修復費用を差し引くことはできません。

　賃金は、毎月1回以上の所定支払日に、支払が確定している全額を支払わなければなりません（労働基準法24条）。給料を得て働いている労働者は、賃金が所定支払日に全額支払われることを前提に生活設計を行っています。そのため、生活の基盤である賃金の支払を確保するために、賃金の支払に関して一定期日払かつ全額払が原則とされています。正社員はもちろん、契約社員やパートタイマーなども「労働者」ですから、一定期日払かつ全額払いの原則が適用されます。

　したがって、契約社員が業務外でパソコンを無断使用したことで、重要データが破損した場合であっても、会社が一方的に給料（賃金）から修復費用を差し引くことは、全額払の原則に違反するため許されません。もっとも、全額払の原則は、労働者の生活基盤の確保が目的ですから、契約社員の側から給料から差し引いて修復費用を支払うことに同意している場合であれば、会社は、給料から差し引いて修復費用に充てることができます。

　なお、給料から差し引くことができないとしても、業務外のパソコンの無断使用による損害（修復費用）について、契約社員に対して別途損害賠償を請求することは可能です。

よく「扶養の範囲内で働きたい」というパートタイマーの話を聞きます。パートタイマーの所得調整について教えてください。被扶養者となる利点はどのようなものですか。

所得税の控除と社会保険加入の点で労働者にとってメリットになる場合があります。

　パートタイマーの賃金は、ほとんどの場合が「働いた分だけ収入が増える」時給制です。しかし、パートタイマーの中にはあえて労働時間を制限している人がいます。これは、生計を維持している配偶者の被扶養者として所得税の控除を受けることや、会社員や公務員に扶養されている配偶者である国民年金の第3号被保険者になることを希望しているためです。

　ただし、被扶養者になるためには年間収入制限が設けられています。この収入制限のことを通称103万円または130万円の壁といい、1月〜12月の年間収入が103万円以下であれば、税法上の扶養の範囲となります。

　また、健康保険の場合、厚生労働省の通達に年間収入130万円未満（60歳以上・障害者の場合180万円未満）で、かつ被保険者の収入の2分の1未満であれば扶養と扱う旨の基準を示しているため、多くの健康保険組合がこの基準に準じた内容で定めています。

　これに該当し、健康保険の被扶養者となる場合は、同時に国民年金の第3号被保険者となるため、国民年金の保険料を支払う必要がなくなります。さらに、住民税の場合は、給与所得控除額55万円と非課税限度額45万円という控除を受けることができるため、100万円以下の収入であれば住民税は課税されません（ただし、自治体によって異なります）。

　これら税金・社会保険の扶養加入要件の他、収入が増加すると、保

育園の保育料や公営住宅の家賃が値上がり（あるいは入居できない）、医療費助成を受けられない、などの負担増が生じる可能性もあります。

●令和6年10月からの社会保険の適用拡大には要注意

　前述の事情により、年間103万円、130万円などの額を超えないように収入調整したいと考えるパートタイマーが存在します。中には労働時間を計画的に制限できず、帳尻合わせとして月末や年末ぎりぎりにまとめて休みを取得されるケースもあります。このような事態は、他の社員の負担を増加させます。また、新たにパートタイマーを雇うなど、人件費に関する問題も生じます。

　なお、令和6年10月以降は51人以上の企業で22ページのように社会保険加入義務が生じるため、130万円を超えない場合でも、106万円以上になれば社会保険に加入する必要が生じる可能性があります。さらに、健康保険における130万円未満という数字はあくまでも目安であり、健康保険組合によっては月収（130万円÷12＝108,333円未満）も被扶養者の認定基準とするところもあり、この場合は年末の収入調整だけでは被扶養者と認められないことがあります。

　このような事情から週の所定労働時間、労働日などを雇用契約書であらかじめ定めることは大変重要です。

■ 税金や社会保険に関する収入要件 ………………………………

	対 象	制限の内容
100万円を超えると	住民税	保育園や公営住宅の優先入所、医療費助成などの自治体のサービスの一部が制限される場合がある
103万円を超えると	所得税	夫（妻）が所得税の配偶者控除を受けられなくなる ※「150万円以下」の場合は同額の配偶者特別控除が受けられる
130万円を超えると	社会保険	健康保険などの夫（妻）の被扶養者にはなれない ※常時101人（令和6年10月からは51人）以上の企業では「年収106万円以上」となる

どうして収入によって所得税が課されないのでしょうか。所得税が課されない要件である年収103万円以下という金額に根拠はあるのでしょうか。

所得税の基礎控除と給与所得控除により所得税が課されないケースが生じます。

　夫婦が共働きの世帯で、一方の年間収入が103万円以下であれば、配偶者の税法上の扶養の範囲に該当します。その理由は、年収103万円以下であれば配偶者本人の所得税は一切課税されないこと、そして扶養する者の控除対象配偶者にもなれることです。これは、給与収入から控除される「給与所得控除額」が最低55万円で、すべての人に認められている「基礎控除額」が48万円なので、年収103万円以下であれば課税される給与所得金額が「ゼロ」になるというしくみを利用したものです。

　税法上の扶養の範囲に該当すれば、仮に所得税が毎月源泉徴収されていたとしても、年末調整で徴収された所得税は戻ります。

　なお、配偶者の年収が103万円を超えても配偶者特別控除を受けることができます。これは、年収103万円を超えても段階的に控除額を減らし、年収201.6万円以上で控除ゼロとなる制度です。つまり、年収103万円以下であれば、配偶者には所得税は課税されず、納税者本人の控除対象配偶者になります。

　また、103万円以上201.6万円未満であれば配偶者には所得税が課税されますが、納税者本人は配偶者特別控除を受けることができます。

年末調整について教えてください。年の途中で退職したパートタイマーの扱いについてはどうなるのでしょうか。

所得税の精算手続きのことで、年の途中での退職者は確定申告手続きが必要です。

　所得税は、1月1日から12月31日までの収入に対して課される税です。自営業者などの場合は、自分で（または税理士に依頼して）毎年2月16日～3月15日の間に確定申告を行い、前年の年収に対する所得税を支払う手続きを行いますが、会社や個人が人を雇って給与を支払った場合は、労働者の月々の給与から所得税額を天引き（源泉徴収）し、国に支払う義務があります。

　ただ、毎月、源泉徴収する税額は、あくまでもその時点の概算です。年の途中で被扶養者の増減（異動）が生じると、本来納付すべき税額と1年分の源泉徴収税額の間に誤差が生じます。この誤差を正す作業のことを年末調整といいます。

　具体的には、社員に「給与所得者の扶養控除等（異動）申告書」や生命保険などの控除に関する資料を提出させて正しい所得税額を算出し、1年間を通じて徴収してきた所得税額との差額を還付または徴収します。年末調整は通常12月（その年の最後の給与または賞与の支給日）に行います。パートタイマーとして働いている人であっても、所得税を徴収されていた場合は、年末調整により過納分の所得税の還付を受けることができます。なお、年の途中で退職したパートタイマーについては、自分で確定申告をすることによって過納分の所得税の還付を受けることになります。

パート、アルバイトの給与も源泉徴収する必要があるのでしょうか。

Answer 正社員ではないからといって源泉徴収が不要になるわけではありません。

　パートタイマーやアルバイトは、パートタイム・有期雇用労働法が定める所定労働時間が一般労働者と比較して短い短時間労働者にあたります。では、パートやアルバイトの場合、所得税の源泉徴収はどのように行われるのでしょうか。

　まず、「パートやアルバイトは正式な社員ではないから、社会保険にも加入しなくても、また、源泉徴収していなくても問題ないだろう」と思っている人も多いようですが、これは間違いです。

　パートやアルバイトには、社員のように月給制ではなく、仕事をした日数や時間数によって給与を支払っているケースが多いと思います。

　（源泉）所得税を求めるために使用する「給与所得の源泉徴収税額表」には、①月額表と②日額表の２種類があります。ⓐ給与を毎日支払う場合（日給制）、ⓑ給与を週ごとに支払う場合（週給制）や月額表によることができない給与の場合、ⓒ給与を日割りで支払う場合（途中入退社した場合など）には、給与所得の源泉徴収税額表（日額表）という税額の算出表を用いて源泉徴収税額を求めます。

　日額表の給与所得の源泉徴収税額表には「甲欄」「乙欄」「丙欄」という区別が設けられています。日々雇い入れている場合、２か月以内の期間を定めて雇用している場合を除き、社員と同様に「甲欄」が適用されます。日々雇い入れている場合や、２か月以内の雇用期間とし

ている場合は、「丙欄」の適用となります。

　甲欄と乙欄については、パートやアルバイトが「給与所得者の扶養控除等申告書」を提出している場合には「甲欄」を、提出していない場合には「乙欄」を適用します。

　つまり、「扶養控除等申告書」の提出により、源泉徴収の税額表の「甲欄」で税金が計算され、提出がないと「乙欄」で計算されるために源泉税額が違ってくることになります。

　税額表の「乙欄」を適用する人は、２か所以上から給料をもらっているような人で、確定申告で税金を精算することが前提になっています。そこで、確定申告が必要な人からは所得税を多めに天引きしておいて、たとえ確定申告をしなくても税金をとり損なわないようにしているのです。

　扶養者がいなければ「扶養控除等申告書」に住所と名前を書くだけです。

■ 税額表の使用区分の確認票 ・・・・・・・・・・・・・・・・・・・・・・・・・・・・・・・・・・・・・・

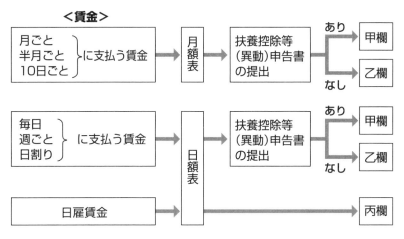

Question 10

月に3回遅刻しました。1回の遅刻は平均15分程度でしたが「会社の規則で遅刻3回につき給料1日分カットだ」と言われました。厳しすぎるのではないでしょうか。

Answer

労働基準法で給料をカットできる上限が定められています。

　会社の就業規則に労働者が遅刻をした場合の制裁規定が置かれていることがあります。ただ、制裁を定めることができるからといって、どのような制裁でも定めることができるわけではありません。労働基準法では、「就業規則で、労働者に対して減給の制裁を定める場合においては、その減給は1回の額が平均賃金の1日分の半額を超え、総額が一賃金支払期における賃金の総額の10分の1を超えてはならない」と規定しています（91条）。

　たとえば、1回平均10分の無断遅刻6回で1日分の給与をカットすることが、労働基準法の上限規定に抵触するかどうかを考えてみましょう。1回平均10分の遅刻だとすると、6回遅刻しても、労働時間への影響は1時間です。この場合、会社が1時間分の賃金（給料）をカットすることは問題ありません。これはノーワーク・ノーペイの原則（労働者は使用者に労働力を提供することによって、その見返りとして対価を得ることができるということ）に基づくもので、制裁としての性質はないからです。

　それを超えて減給する場合には、就業規則で定めなければなりませんが、1回の減給につき1日分の半額以下でなければならず、減給の総額も毎月支払われる賃金総額の10分の1以下でなければなりません。会社から見れば「1分の遅刻も1時間の遅刻も1回は1回。時間軽視

という意味では同じだ」という考えもあるかもしれませんが、実際に
遅刻した時間を一切考慮せず、遅刻の回数だけで1日分の賃金をカッ
トする就業規則を定めることはできないということです。

　「遅刻3回につき給料1日分カット」という規定は、労働基準法で
定められた減給の上限規定に違反すると考えられます。余分にカット
された労働者は、会社に対し、余分な額の返還請求ができます。

■ 労働基準法が規定する制裁の上限規定 ……………………

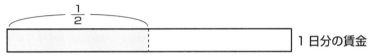

1回の額が平均賃金の1日分の半分を超えない
➡ 1日1万円が平均賃金の場合、減給の上限額は5000円

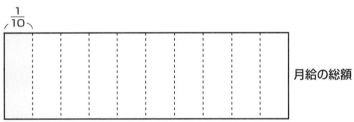

減給の総額が一賃金支払期の賃金総額の10分の1を超えない
➡ 月給として30万円が支払われた場合、複数回の制裁が
　あったとしても、1か月をトータルして減給の上限額は3万円

■ 欠勤・遅刻・早退の扱い ………………………………

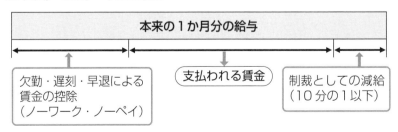

Question 11 「経営状態が悪いから」と言われて一方的に給料を下げられました。泣き寝入りしなければなりませんか。

Answer　経営状態が悪いという理由だけで労働者の同意もなく給料の減額はできません。

　労働者の賃金（給料）は、労務を提供したことへの対価です。賃金がいくらであるかは労働者にとって非常に重大なことであるため、賃金は基本的な労働条件であるとともに、生活の基礎となるものです。賃金を労働者本人の同意なしに減額することは、労働者だけでなく、その家族にとっても死活問題であり、労働条件の不利益変更にあたります。労働契約法では、労働条件の不利益変更は、労働者との合意や就業規則の変更など、一定の手続きが必要と規定されています。

　では、賃金の減額という不利益変更が絶対に認められないのかというとそうではなく、合理的な理由があれば、就業規則の変更によって不利益変更を行うことが認められます。たとえば、賃金をカットしなければ会社の経営が成り立たなくなるような場合です。ただ、その場合でも、事前に労働者への説明を尽くし、変更後の就業規則を周知するなどの手続きは必要です。

　いずれにせよ、使用者が一方的に賃金を減額できない（労働者との合意が必要）のが原則であり、一方的に賃金を減額された場合は、減額された分の賃金を請求できます。なお、実際に減額分の賃金を請求する際には、内容証明郵便などの文書で通知をすることをお勧めします。

やる気を判断するため試用期間中のパートに若干残業させたところ、残業代を要求されました。大した貢献もしていないので拒否したいのですが。

試用期間中でも残業をさせた場合は、その時間に応じた賃金（残業代）を支払う必要があります。

試用期間とは、会社が採用した労働者の適性を見極めるために設ける期間ですが、結論として「試用期間だから残業代を払わない」というのは労働基準法に違反します。残業をした労働者には、その時間に応じた賃金（残業代）を支払わなければなりません。特に残業が1日8時間、1週40時間を超える（時間外労働）ときは、その超えた部分については、原則として25%以上の割増率で計算した割増賃金（時間外労働手当）を支払う必要があります。

こうした場合に会社が残業代の支払いを拒絶すると、労働者は労働基準監督署などの機関に相談して、さらに残業代の支払いを請求してくる可能性があります。会社には試用期間中の労働は利益に直結しないなどの不満があるかもしれませんが、定時に帰宅させずに残業をさせた以上、残業の必要があったわけですから、試用期間中であっても会社の利益にも立派に貢献しているといえます。

なお、試用期間中ということで、労働条件が本採用後の労働条件よりも低めに設定されていること自体は違法ではありません。だからといって、試用期間中の残業代の請求ができないことにはなりません。

「原則残業なし」の条件で雇用したパートが残業を拒否しています。例外的に残業があることは承知していたと思うのですが。

原則として雇用契約書の残業に関する取り決めに従って判断することになります。

　労働基準法では、使用者（会社）は、労働者に、休憩時間を除き1日8時間（1週40時間）を超えて労働させてはならないと規定しています（法定労働時間）。これに基づいて、各労働者の就労時間が決定されますが（所定労働時間）、法定労働時間内であっても、所定労働時間を超えて労働者に就業させること（残業）を、会社が一方的に強制することはできません。労働者に残業を行わせる場合は、雇用契約書や就業規則において、あらかじめ残業があることを取り決めておかなければなりません。

　しかし、このような取り決めがない、つまり残業なしという条件の下で雇用されている労働者に残業を行わせようとする場合は、その労働者との合意に基づき、雇用契約の内容の変更が必要になります。また、会社が法定労働時間を超える残業を命じる場合には、労使協定（三六協定）を締結し、労働基準監督署に届け出なければなりません。

　パートの残業に関しても同様に考えます。「原則残業なし」という条件で募集した場合であっても、やむを得ず残業を命じることもあり得ます。ただし、会社は「原則残業なし」という抽象的な内容ではなく、採用時に雇用契約書などの残業に関する取り決めについて、その詳細を説明する必要があります。

深夜勤務が所定労働時間内の勤務だと割増手当は支給されないのでしょうか。

深夜勤務が所定労働時間内であっても深夜割増が適用されます。

深夜割増とは、午後10時から翌朝5時までの就労に対して、時給分の25％以上の割増率による割増賃金を支払わなければならないというものです。たとえば、所定労働時間が午前11時から午後8時（休憩1時間）の人が、残業で午後11時まで勤務した場合は、午後8時から10時までは時間外割増（時間外労働に対する割増賃金）、午後10時から11時までは時間外割増と深夜割増が支給されます。

もっとも、深夜割増は、もともと深夜勤務が所定労働時間内である場合、所定労働時間の労働の延長として深夜に働く場合、いずれの場合も支給しなければなりません。したがって、今回のケースの場合については、午後10時から翌5時までの所定労働時間内の勤務に対して、深夜割増を支給しなければなりません。

会社が深夜勤務の労働者に賃金を明示する際、「深夜割増を含む」と言及している場合や、就業規則に「所定賃金には深夜割増が含まれる」と明示している場合は別ですが、支給される給与に深夜割増がされていない場合は、深夜割増分の請求が認められるでしょう。

なお、異動によって深夜勤務になる場合、従来の給与と金額が変わらないにもかかわらず、辞令や給与明細書で「深夜割増を含む」と明示しても、それは一方的な減給に該当するため、認められないと考えられます。

あまりにもミスが多く、モチベーションも感じられないパートがいるのですが、契約期間中に賃金を下げることは認められないのでしょうか。

労働者の同意がなくても、就業規則の定めがあれば懲戒処分として減給を行えますが、この場合は上限があります。

　労働者の勤怠（出勤と欠勤の状況）や勤務態度などに問題がある場合に会社が取る手段として減給（賃金を下げる）という方法がありますが、減給は労働条件の変更に該当するため、会社が一方的に行うことはできません。原則として会社と労働者との合意によって、初めて労働条件の変更が可能になります（労働契約法8条）。

　もっとも、あらかじめ人事評価によって減給の可能性があることを就業規則に明示しており、それを労働者に周知している場合は、就業規則が労働契約の内容となるため、労働者が納得していなくても減給を行えることがあります。この場合の変更の方法は、今回のケースでは、パートが行っている業務のレベルが他のもっと賃金の低い労働者と同程度であることを、欠勤や遅刻、ミスの多さによる業務への影響などに関する客観的資料をもって示し、減給の人事評価が不合理・不公正ではないことをパートに説明する必要があります。不合理・不公正な減給は人事権の濫用として無効となる点に注意が必要です。

　もう一つ、懲戒処分として減給を行うこともできますが、この場合は軽い懲戒処分から始めます。減給に至るまでの懲戒処分には、戒告とけん責があります。まず「戒告」として口頭または文書により厳重注意を行い、それでも改善されない場合は「けん責」として始末書を

取り、それでも改善されない場合に「減給」を行います。いきなり減給を行うのは懲戒権の濫用として無効となる可能性が高いです。

　懲戒処分を行う場合は就業規則の定めが必要です。就業規則に定める場合には、懲戒処分の段階ごとに対象行為を限定しないことがポイントです。たとえば、「故意または過失により会社に損害を与えた場合は戒告に処する」と限定した場合、会社に損害を与え続けても戒告より重い懲戒処分ができなくなります。必ず「戒告・けん責・減給に処する」というように、可能性のある懲戒処分をすべて網羅する表現にします。その上で「処分を繰り返す場合は、その懲戒を加重する」と加え、懲戒の段階を引き上げる可能性があることを示唆します。

　なお、懲戒処分としての減給の額は、労働基準法91条で「1回の額が平均賃金の1日分の半額を超え、総額が1賃金支払期における賃金の総額の10分の1を超えてはならない」との制限があります。

　以上による減給は最終手段であり、配置転換によって改善されることもあるので、先に部署・部門の異動を検討することも重要です。

■ ミスの多い従業員への対処方法と注意点 …………………………

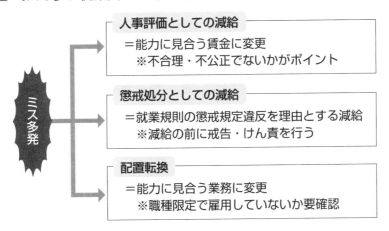

正社員と同じ仕事をするパートタイマーから賃金への不満が出ているのですが、どのように対処すべきでしょうか。

正社員と同程度の賃金を得られるような賃金体系の整備や、正社員への登用制度を設けなければなりません。

労働基準法には、仕事内容と労働条件（賃金など）との関係についての規定がなく、罰則を受けるようなことはありません。しかし、最初の契約では予定されていなかった仕事を少しずつ任されるようになり、労使の関係上断れないというような事情があった場合、パートタイマーが賃金等の労働条件について不満を持つのは当然です。

パートタイム・有期雇用労働法では、通常の労働者（正社員など）と同じ内容の仕事をしており、人材活用のしくみ（仕事の内容や配置の変更の範囲）も通常の労働者と同じである短時間労働者（パートタイマーなど）については、基本給、賞与その他の待遇において、短時間労働者であることを理由に差別的取扱いをすることを禁止しています（9条）。そこで、正社員と同じ仕事をしているパートタイマーについては、正社員と同程度の賃金を得られるような賃金体系を整備する他、正社員への登用制度を新設することなどが考えられます。

もっとも、パートタイマーという雇用形態を導入するのは、労働時間や責任を軽くする代わりに、賃金などの待遇を抑えて効率的な人員配置を行うという目的があるはずです。したがって、正社員とパートタイマーの仕事内容を明確に分ける工夫も必要になってきます。

Q17 当社はパートの退職金制度を設けていませんが、所定労働時間が週12時間と少なく、勤続年数も３年程度のパートから退職金を請求されたら支払いが必要でしょうか。

パートに退職金を支給する慣行があるときは、支給しなければならない場合があります。

退職金の支給を義務付ける法律の規定はありませんので、退職金の有無の他、退職金を支給する場合の算定方法や支給時期といったことは、労使間の決定に基づきます。その際、正社員には退職金を支給するが、パートやアルバイトには退職金を支給しないというように、雇用形態によって異なる取り決めをしても問題ありません。

退職金（退職手当）は、就業規則の相対的必要記載事項（その事業場で何らかの定めをする場合に記載しなければならない事項）のひとつです（労働基準法89条）。パート用の就業規則の内容を確認し、そこに退職金についての記載がない場合には、会社にはパート用の退職金制度がないと判断ができます。この場合は、原則として会社がパートに対して退職金を支給する必要はないでしょう。

ただし、就業規則に記載がないとしても、労使間の「慣行」としてパートに退職金を支給しているときは、会社に支払義務が生じる可能性があります。過去にパートへの退職金の支給実績があり、支給条件が明確な場合には、所定労働時間や勤続年数が短くても、退職金を支給しなければならないケースもありますので、注意が必要です。

１日の労働時間が８時間以内の場合、休憩時間は１時間以上であることを必要としません。

労働基準法では、労働時間は１日８時間以内、１週40時間以内を原則とし、休日は毎週１回以上与えること（週休制）を原則としています。また、休憩時間については、１日の労働時間が６時間を超える場合は45分以上、８時間を超える場合は１時間以上の休憩時間を、労働時間の途中に与えなければなりません。したがって、１日の労働時間が６時間以内の場合は、休憩時間を与えなくても法令上は問題がないことになります。また、８時間以内であれば、休憩時間は45分以上であれば法令上は問題がないことになります。

また、休憩時間は労働時間の途中に一斉に与えられることが原則です（一斉付与の原則）。一斉に与えなければならないのは、バラバラに休憩をとると、休憩がとれなかったり、休憩時間が短くなったりする労働者が発生する可能性があるからです。

なお、金融・保険・広告業、映画・演劇業、接客娯楽業などの一定の業種においては、休憩を一斉に与えなくてもかまいません（一斉付与の原則の適用除外）。また、電車・自動車・船舶・航空機などの乗務員で長距離にわたり継続して乗務する乗務員などについては、休憩時間を与えないことができます。

会社のパソコンを利用して業務と無関係なメールをすれば、懲戒処分を受けるのでしょうか。

就業規則で懲戒処分の対象とされていれば、何らかの懲戒処分を受ける可能性はあります。

　労働者には、会社の業務を誠実にこなし、会社の指揮監督を受ける義務があります。そのため、就業時間中は会社から与えられた業務に集中し、業務に関係のないことは慎まなければならず、労働者が就業時間中に個人的な目的でメールなどをしていた場合は、この義務に違反することになります。また、昼休み中にメールをするような場合であっても、パソコンはあくまで会社の備品なので、パソコンの管理権限は会社にあり、全く問題がないとはいえません。結局は、会社が労働者によるパソコンの利用について、どのような取り決めをしているのかがポイントになります。

　就業規則に「パソコンの私的利用をした場合は、懲戒処分の対象になる」という規定があれば、会社は、パソコンの私的利用をした労働者を懲戒処分にすることができます。また、パソコンの利用方法について会社が就業規則で明確に定めていなくても、就業規則の別の規定に基づいて懲戒処分を受ける可能性があります。たとえば、「労働者は、会社の業務に支障を生じさせる行為をしてはならない」といった規定がある場合です。ただ、懲戒処分は労働者の不利益が大きいため、よほどの違反行為がなければ行うことができません。たとえば、昼休み中でメールをした回数も1回だけであれば、懲戒処分ができる事由にはあたらないといえます。

急な案件のため、やむを得ず日曜にパートに出勤してもらい通常賃金を支払ったのですが、休日手当を請求されました。必要でしょうか。

Answer　法定休日に働かせた場合は休日手当（割増賃金）を支給しなければなりません。

　労働者に時間外労働（法定労働時間を超える労働）をさせたり、休日労働をさせたりした場合、会社は、通常の賃金に加えて割増賃金を支払う必要があります（労働基準法37条）。これは労働契約の形態にかかわらず、すべての労働者に適用されるルールです。したがって、パートに時間外労働や休日労働をさせた場合、会社は、そのパートに割増賃金を支払わなければなりません。

　ただし、時間外労働や休日労働による割増賃金の支払義務は、就業規則などで別段の定めがある場合を除いて、労働者に法定労働時間を超えた労働や、法定休日における労働をさせた場合に発生します。言い換えれば、1日8時間・1週40時間を超える勤務をさせたときや、毎週1日（または4週につき4日）の法定休日に勤務させたときに割増賃金が発生します。したがって、日曜に出勤させても直ちに休日手当を支給すべきことにはなりません。法定労働時間を超えておらず、事前に休日の振替を行い、毎週1日（4週につき4日）以上の休日が確保されている場合は、割増賃金を支払う必要がありません。

　なお、時間外手当の場合は、通常の労働時間・労働日の賃金の25％以上（時間外労働が月60時間超の場合は50％以上。ただし、中小企業は令和5年4月以降に適用）、休日手当の場合は、通常の労働時間・労働日の賃金の35％以上の割増賃金を支払う必要があります。

Q21 年休は正社員のための制度と認識していたのですが、パートから年休取得申請を受けたら応じないといけないのでしょうか。

Answer 入社後６か月を経過して８割以上出勤している場合は、年休取得申請に応じなければなりません。

　年次有給休暇（年休）とは、労働者が取得できる休暇のうち、休暇中に賃金が支払われるものをいいます（労働基準法39条）。年次有給休暇の主な内容は、以下の通りです。

① 　使用者は、雇入れの日から起算して６か月間継続して勤務し、全労働日の８割以上出勤した労働者に対し、10労働日の有給休暇を与えなければならない

② 　使用者は、有給休暇を労働者の請求する時季に与えなければならない。ただし、請求された時季に有給休暇を与えることが事業の正常な運営を妨げる場合には、他の時季に与えることができる

③ 　使用者は有給休暇の期間については、原則として就業規則などに定められた平均賃金または所定の労働時間分の労働をした場合に支払われる通常の賃金を支払わなければならない

　労働基準法は、正社員・非正社員にかかわらず、全労働者に適用されるものですから、パートタイマー（パート）であっても要件を満たせば年次有給休暇を取得できます。

　ただし、パートタイマーなどのように「１週間の所定労働日数が通常の労働者の週所定労働日数（5.2日）に比し相当程度少ないものとして厚生労働省令で定める日数（４日）以下の労働者」の年次有給休

暇については、その労働者の１週間の所定労働日数などとの比率を考慮して厚生労働省令で定める日数（下表において示された日数）とすることが規定されています（労働基準法39条３項）。これを年次有給休暇の比例付与といいます。

　具体的には、１週間の所定労働時間が30時間に満たず、１週間の所定労働日数が４日以下の労働者や、年間の所定労働日数が216日以下の労働者でも、出勤率が８割以上あり、半年以上継続勤務をしていれば、厚生労働省令で定めた日数分の有給休暇を取得できます。たとえば、出勤率８割・半年間の継続勤務があれば、半年経過時にフルタイム勤務の正社員（通常の労働者）には10日分、週４日勤務のパートタイマーには７日分の有給休暇を取得する権利が発生します。

　なお、労働基準法の定めはあくまでも最低限の基準ですので、就業規則の定めなどで労働基準法以上の有給休暇を付与すると定めることについては問題ありません。

■ 有給休暇取得日数

労働日数 \ 継続勤務年数	0.5	1.5	2.5	3.5	4.5	5.5	6.5以上
①通常の労働者、週の所定労働時間が30時間以上の短時間労働者	10	11	12	14	16	18	20
②週の所定労働時間が30時間未満の労働者							
週の所定労働日数が４日または１年の所定労働日数が169日～216日までの者	7	8	9	10	12	13	15
週の所定労働日数が３日または１年の所定労働日数が121日～168日までの者	5	6	6	8	9	10	11
週の所定労働日数が２日または１年の所定労働日数が73日～120日までの者	3	4	4	5	6	6	7
週の所定労働日数が１日または１年の所定労働日数が48日～72日までの者	1	2	2	2	3	3	3

※太枠で囲んだ日数を付与された労働者は「年５日の年次有給休暇の確実な取得」の対象者

22 Question

シフト制をとっているのに労働日に有給休暇を取得したいと言い出して困っています。会社としてどのように対応すべきでしょうか。

代替要員の確保が困難であるなど「事業の正常な運営を妨げる」ときは時季変更権を行使できます。

　有給休暇（年次有給休暇）とは、労働者が取得できる休暇のうち、休暇中に賃金が支払われるものです。有給休暇の取得が特に問題となるのは、シフト勤務制によって労働者の勤務管理が行われている場合です。シフト勤務制では、シフトの編成後に個々の労働者の労働日が決定することになるため、シフト編成後に労働者から有給休暇の取得時季の指定を受けることになるからです。

　有給休暇は、労働者が取得時季を指定することで当然に成立するものですから、使用者（会社）がこれを拒否したり、有給休暇を取得した（または取得時季を指定した）労働者を不利益に取り扱ったりすることはできません。ただし、有給休暇の取得が「事業の正常な運営を妨げる」場合には、会社が取得時季を他の時季に変更させることができます（時季変更権の行使）。会社としては、代替要員の確保が難しい場合や同じ時季の取得者が多すぎる場合（繁忙期であるだけでは時季変更権の行使はできません）などに、取得時季を変更させる可能性があることを、労働者に周知することが求められます。

　また、直前の時季指定は避けるように労働者に求めることも重要です。前日に複数日の時季指定をしてきた場合などは、代替要員の確保が難しく、時季変更権の行使が可能と考えられます。

Q23 Question

時間単位年休制度を導入しようと考えているのですが、パートも対象者としなければならないのでしょうか。

時間単位年休制度は、すべてのパートを対象にする義務はありません。

　時間単位年休制度（時間単位の年次有給休暇）とは、労働者が時間単位で年休を取得する制度です。時間単位年休制度を導入するための要件として、①労使協定を締結すること、②日数は年5日以内とすること、③時間単位での取得を労働者が希望していることが必要です。時間単位年休制度を利用して休暇を取得した場合に支払われる1時間当たりの賃金の額は、原則として、平均賃金もしくは所定労働時間労働した場合に支払われる通常の賃金のいずれかを、所定労働時間数で割って決定されることになります。時間単位の設定は、1時間単位以外の時間数とする場合には、2時間単位、3時間単位などと労使協定で時間数を定めておく必要があります。

　時間単位年休制度は、労使協定により導入するもので、会社に導入する義務があるわけではありません。また、対象となる労働者の決定も労使協定に委ねられていますので、パートやアルバイトを時間単位年休制度の対象外にすることも可能です。ただし、パートタイム・有期雇用労働法9条に規定する「通常の労働者と同視すべき短時間・有期雇用労働者」については、差別的取扱いが禁止されているので、正社員を時間単位年休制度の対象としている場合に、これを対象から外すことは差別的取扱いとして許されません。

パートタイマーの契約期間を短期にして年休の付与を回避したいと思っていますが可能でしょうか。

途中で契約更新があっても６か月間継続して勤務するに至った場合は、年休の付与を回避できません。

　労働契約の期間（契約期間）については、そのパートタイマーと使用者との間に合意があれば、１か月、３か月といった短期の契約期間とすることも可能です。そして、年次有給休暇は「入社から６か月間継続勤務し、全労働日の８割以上出勤した場合」に与えなければならないものですから、３か月で契約満了となる者には、年次有給休暇を取得する資格がないともいえそうです。

　しかし、「継続勤務」かどうかは契約書で定められた契約期間で判断されるわけではなく、勤務の実態を考慮して判断されます。契約期間の満了時に同様の労働契約を反復継続する場合はもちろん、契約満了と再契約の時期が近い場合も、契約の前後を通じて継続勤務と認められます。たとえば、当初は３か月という契約期間の労働契約を締結しても、契約満了後に連続して同様の労働契約をしたのであれば、原則として２度目の更新時に年次有給休暇の取得が認められます。

　年次有給休暇は労働者の権利ですから、使用者（会社）は付与を前提に雇用すべきでしょう。なお、パートタイマーに付与される年次有給休暇の日数は、週所定労働日数と継続勤務期間の長さに応じて決定されますが、一般に正社員よりも少ない日数が付与されます。

変則勤務のパートタイマーの年休付与日数は何を基準にすればよいのでしょうか。

1週間または1年間の所定労働日数に応じて、比例的に付与される年休の日数が決定されます。

週所定労働日数が4日以下で週所定労働時間が30時間未満の労働者、または年間所定労働日数が216日以下で週所定労働時間が30時間未満の労働者については、週所定労働日数または年間所定労働日数に比例して年休を付与することになっています（比例付与）。

付与される年休の日数は、年休取得の要件を満たした日を基準日として機械的に決まります。たとえば、週所定労働日数が4日で週所定労働時間が24時間の労働者が勤続期間6か月を経過した場合は、7日間の年休を取得できます。これ以降に労働条件が変わっても、1年後までは「7日間」が労働者の取得する年休となります。基準日時点で7日間の年休が発生した後、労働者の週所定労働日数が3日に減ったとしても、それに応じて付与済みの年休の日数を減らすことはできません。反対に、労使間の話し合いで労働日数の増加に合わせて年休の日数を増やすと定めている場合は、その定めが優先されます。

また、年休発生の時点で週所定労働日数を3日から4日に変更するなど、将来に向かって所定労働日数を変更することが決まっている場合には、新しい所定労働日数をもとに年休の付与日数が決まることになります。

就業規則にパートタイマーについての制裁規定を設ける場合の注意点は何でしょうか。

正社員とは別個に作成し、実効性のある内容にした方がよいでしょう。

　社会にはさまざまな人がいます。その人たちが各々に自己らの主張だけを行い、自分の都合で動いていては社会が成り立ちません。このため、行動の基準となる慣習や法律などがあります。すべての人がこの慣習や法律などを遵守し、社会の安定・維持に協力できるのであればよいのですが、残念ながら過失にせよ故意にせよ、違反者が少なくないのが現実です。そこで、少しでも多くの人が遵守するように抑止力としての効果を求めて、違反者に対して制裁（罰則など）を与える規定（制裁規定）を設けるという方法がとられています。これと同様のことが小さな社会ともいえる会社の中でも行われています。会社での法律に相当するのは就業規則、労働協約などです。これらの条項の中には懲戒解雇をはじめとする制裁規定も盛り込まれています。

●制裁規定にはどんなものがあるか

　雇用形態がパートタイマー（パート）であっても、会社の一員として社内の秩序を守る努力をしなければならないのは当然です。

　正社員と同じ就業規則をパートタイマーに適用するのであれば、制裁規定も同じように適用されますが、パートタイマーの場合、正社員とは責任や立場が違うのが通常で、制裁の効果が正社員とは違ってくることがあります。たとえば、週2日で雇用するパートタイマーに2週間の停職処分を行っても、実質4日程度の停職にとどまります。

そこで、パートタイマーの制裁規定は、正社員とは別個に作成し、実効性のある内容にする必要があります。具体的には、次のような制裁規定が考えられます。なお、契約期間の満了が近いときは、制裁規定を適用せず、雇止め（更新拒絶）にすることも検討します。

① **注意**

　口頭や文書などで注意することです。

② **始末書**

　注意の上で、懲戒事由にあたる行為一部始終や、その行為に対する反省を記載した始末書を提出させることです。始末書の枚数によっては、さらに重い制裁を行うと規定している会社もあります。

③ **減給**

　期間を区切るなどして賃金を減らすことです。ただし、労働基準法91条による上限があることに注意を要します。

④ **諭旨退職**

　退職届の提出を勧告し（提出がない場合は懲戒解雇にすると併せて示すことが多いです）、提出があったら退職させることです。

⑤ **懲戒解雇**

　最も重い懲戒処分です。解雇予告手当（30日分以上の平均賃金）の支払いをして即日解雇とします。ただし、労働基準監督署長の除外認定を受ければ、解雇予告手当の支払いが不要となります。

■ **懲戒処分の種類** ･･･

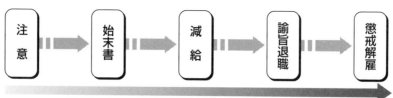

注意 → 始末書 → 減給 → 諭旨退職 → 懲戒解雇

右に行くほど厳しい懲戒処分となる

※この他に、謹慎処分（出勤停止）などの懲戒がある

18歳未満の者を雇うときには法律上の制約があると聞きましたが、どのような制限でしょうか。

深夜労働の原則禁止など、年少者保護の規定が適用されます。

労働基準法では、満15歳に達した日以後の最初の3月31日が終了するまで、つまり義務教育期間を終了するまでの者の使用を原則として禁止しています（56条）。この期間を終了した者であれば使用することができるわけですが、未成年者の労働契約については、①親権者または後見人が未成年者に代わって契約を締結してはならない、②その内容が未成年者に不利であると認められる場合、親権者あるいは後見人または行政官庁（労働基準監督署）が解除することを認める、③未成年者の賃金を親権者あるいは後見人が代わって受け取ってはならない、といった規定を設けて（58条、59条）、未成年者の労働環境を保護しています。

さらに、満18歳未満の者を使用する際には、さまざまな制約が定められており、たとえば、交替制によって満16歳以上の男性を使用する場合を除いて基本的に午後10時から午前5時までの間において使用することは禁止されています（61条）。このような労働基準法上の制約のある満18歳未満の労働者を使用する使用者については、年齢を証明する戸籍証明書の備え付けが義務付けられています（57条）。

なお、満18歳未満の者を解雇して、その者が14日以内に帰郷する場合、使用者は、原則として必要な旅費（帰郷旅費）を負担しなければなりません（64条）。

Q28 Question

業務閑散期に喜ぶと思い10分～1時間程度早く従業員を帰宅させていたのですが、休業手当を請求されました。そんなつもりではなかったのですが。

Answer 休業手当を支払わなければならない可能性は低いでしょう。

　労働条件を予定外に変更することは、あまり望ましいことではありません。使用者側としては、早く帰宅させてあげようと、気を利かせたつもりであっても、その行為が従業員側にとってうれしいことであるとは限りません。むしろ、勤務時間が少なくなり、予定よりも受け取る給料が減ってしまうため、労働者側に不満が生じてしまうかもしれません。

　休業手当は、使用者の責めに帰すべき事由によって休業した場合に、労働者に平均賃金の100分の60以上の手当を支払い、労働者の生活保障を図る制度です。パートなどの非正規の従業員も、休業手当の対象となります。

　休業手当の対象となる休業は、1日を通して休業した場合に限られません。1日の所定労働時間の一部のみを休業した場合にも、現実に就労して支払われた賃金が平均賃金の100分の60に満たない場合には、その差額を休業手当として支払う必要があります。

　今回のケースでは、10分～1時間程度早く終業させて、その分の賃金を支払っていないために休業手当を請求されたものと思われます。業務閑散期とはいえ、会社の責による休業となりますので、平均賃金の100分の60以上の賃金を支払う必要があります。

第3章

契約更新・雇止め・解雇のトラブルと解決法

パート社員として長く勤務している者に雇止めを言い渡すにはどうしたらよいのでしょうか。

 1年を超えて勤務している場合には、30日前の予告が必要とされています。

パート社員との労働契約は一般的に有期の場合が多いですが、有期労働契約において、契約期間の満了をもって労働契約の更新を拒否することを「雇止め」といいます。

ただし、更新による雇用継続を期待させる使用者の言動があった場合や、更新の手続きが形骸的に行われ、労働者が契約更新を期待せざるを得ない状況の場合は、労働者に更新期待権が発生すると考えられます。そして、このような場合に行われた雇止めは解雇権の濫用とみなされ、認められないことがあります。

雇止めが解雇権の濫用とみなされることを防ぐためには、次の措置をとる必要があります（厚生労働大臣告示）。

① 労働契約締結時に、更新の有無や更新の判断基準を明示

② 3回以上更新または1年超の継続勤務している従業員に対して雇止めを行う場合は、少なくとも30日前にその予告を行う

③ 雇止めの理由明示の請求があった時は遅滞なく証明書を交付

パート社員であっても、労働基準法の解雇手続きが適用されるため、解雇を行う場合は30日以上前に予告をする、もしくは30日分以上の解雇予告手当が必要です。雇止めにおいても30日以上前に雇止めとなる理由を説明して労働者と話し合う必要があります。

●雇止めつき契約とは

　期間の定めのある労働契約は、契約期間の満了によって労使関係が解消されますが、契約更新をすることによって長く労使関係を続けることもできます。何度か契約更新をした後に、使用者が契約の更新を拒否することを雇止めといいます。雇止めを最初に契約書に明示した上で契約を締結することを「雇止めつき契約」と呼んでいます。

　雇止めつき契約は、契約期間中は労使関係がある程度保証されます。使用者から見れば契約終了時にトラブルなく雇用を終了させられるといったメリットが、また、労働者から見ればあらかじめ会社側に契約更新の意思がないことを知らされることによって、契約期間中に次の職場を探すだけの時間的余裕が得られるといったメリットがあります。

　雇止めつき契約でも、期間終了後、契約が更新されないことを明確に伝えておくことが大切です。

■ 使用者によるパート従業員の更新拒否・解約 ·····················

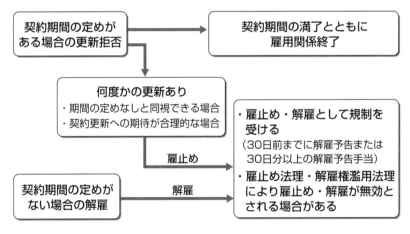

Q2

新入社員を採用するので雇止めを通知したところ、「自分の方が能力があるのになぜ雇止めをされるのか」と抗議されました。雇止めはどんな場合に認められるのでしょうか。

契約時に定めた能力や勤務態度などの基準に基づいて雇止めが行われます。

　パート社員等との間の契約が有期である場合、契約期間が満了した時点で労働契約は終了します。しかし、有期労働契約が過去に反復して更新されているなど、労働者が更新を期待する一定の要件がそろっている場合には、解雇権濫用の法理が類推適用され、雇止めが認められないことがあります。使用者側としては労働契約締結時に、契約更新についての基準を労働者にできるだけ明確に伝えておくことが重要です。法律上も、契約更新の有無やその基準は、労働契約を締結する際に書面で明示しなければならないことが定められています。

　たとえば、「契約期間満了時の労働者の業務量」「勤務態度」「労働者の能力」「経営状況」「従事している業務の進歩状況」などを更新の判断材料にすることを、あらかじめ明示しておけば、これらの事項を雇止めの理由とすることが認められます。また、雇止めが認められるかどうかは、その労働者の雇用に臨時性があるか、更新回数や通算雇用期間がどの程度か、などの点も総合的に考慮して、事案ごとに判断されます。

　本ケースのように、「新入社員を採用すること」を雇止めの理由とするためには、その旨を更新の判断基準として明示してあることと、その雇止めの理由に客観的・合理的な理由があるかどうかを事案ごとに判断することが必要になります。

3

業務中のケガで休業中の契約社員について、期間満了で雇止めにしたいと思っているのですが、問題はないでしょうか。

可能ですが、不当な雇止めでないことを説明する必要があります。

　使用者は、業務中のケガによって休業する労働者については、その休業期間と休業期間後30日の間、解雇できません。この解雇制限のルールは、休業中に契約期間が満了する有期労働契約の契約社員には適用されません。ただし、期間満了によって雇用関係が終了する場合であっても、それが「雇止め」だといえる場合には、問題が生じる可能性があります。

　有期労働契約を労使間で締結する際には、「更新の有無」と「更新の判断基準」を書面で明示しなければなりませんが、過去に更新をしたときと雇止めをするときでなぜ異なる判断に至ったのかを、使用者側が明確に説明できなければなりません。「業務中のケガにより休業している」という点だけで使用者が更新を拒否したとすると、それは「不当な雇止め」だと判断される可能性があります。そこで、雇止め自体が無効になったり、労働者側から損害賠償請求を受ける可能性があるのです。なお、3回以上契約を更新しているか、または1年を超えて継続して雇用している労働者について、有期労働契約を更新しない場合には、使用者は労働者に対して雇止めの予告をしなければなりません。具体的には、契約が満了する日の30日前までに、契約を更新しない旨を書面などで通知しなければならないことになっています。

4
Question
勤務時間を３分の２に減らすことに同意することを更新条件とされたのですがこのような契約は有効なのでしょうか。

解雇権濫用の法理を類推適用して、有効性が判断されます。

　有期労働契約の労働者は、更新時に使用者側から労働条件の変更を提案されることがあります。新しく提示された労働条件が許容範囲内のものであり、労働者側が納得できる内容である場合には問題ありません。

　しかし、今回のケースのように、労働条件を大幅に変更する内容であり、さらに、「新条件を飲めないならば契約は更新しない」と使用者側が通告しているような場合には、「条件付きの雇止め」の事案であるということができます。

　条件付きの雇止めには、解雇権濫用の法理が類推適用されます。したがって、その労働条件の変更に、やむを得ない合理的な理由があると認められない場合には、条件付きの雇止めの有効性は否定されることになります。

　また、当該労働者の労働条件を低下させる前に、事態を回避するための努力が尽くされていないと判断された場合にも、条件付きの雇止めに効力は生じないことになります。

　なお、これらの判断基準を検討した結果として、条件付きの雇止めの効力が否定された場合には、当該使用者・労働者間の契約は、従前と同じ労働条件で更新されたとみなされることになります。

もともとは週3日で1日4時間勤務だったパートを会社の都合でフルタイムに変更したのですが、更新時から元の勤務形態に戻すことは可能でしょうか。

本来の契約内容が週3、1日4時間勤務である点を理解してもらう必要があります。

複数の正社員が同時期に退職したことに伴い、一時的に人員が不足した、という状況があったと想定してみましょう。会社側が業務の運営に支障が出ないように行う対策としては、パート従業員の勤務時間を増加させるという方法があります。

パート従業員との間で当初締結した雇用契約が、「週3、1日4時間」という内容であったとしても、その後、使用者・労働者間で合意があれば、その内容を変更することが可能です。そのため、合意に基づいてパート従業員がフルタイム勤務に変更したこと自体には何ら問題はありません。ただし、人員不足が解消され、パート従業員を元の勤務形態に戻そうとした際に、パート従業員側がその変更を拒んだ場合には問題が生じます。使用者側は、一方的にパート従業員の勤務形態を従前の内容に戻すことはできないからです。労働条件を変更するためには、あくまで使用者・労働者双方の合意が必要になるのです。

今回のケースでは、パート従業員に対して、「フルタイム勤務が期間限定のものである」ということを書面などで説明し、納得させた上でフルタイム勤務に変更する必要があったといえるでしょう。契約変更時にこうした説明を怠った場合には、従業員側が合意しない限り、元の勤務形態に戻すことは難しいといえます。

固定残業制度に基づき割増賃金を支払っているのですが、契約社員が納得しません。契約社員には固定残業制は適用されないのでしょうか。

他の社員と比べて差別にあたらない限り、契約社員に固定残業制度を導入できます。

　固定残業制度とは、毎月、一定時間の時間外労働を行ったものとして設定した割増賃金額を給与額に含めて支払う制度のことです。定額残業代ともいいます。

　労働基準法では、時間外労働をした場合、給与計算期間ごとに集計して割増賃金を支払うよう定めています。一方、残業手当をあらかじめ固定給に含め、毎月定額を支給している会社も少なくありません。このように残業手当を固定給に含めて支給すること自体は、法的には問題ないのですが、注意して制度設計をしないと労働基準法違反になってしまうこともあります。契約社員に固定残業制を導入することは可能ですが、契約社員のみに導入するような場合には、他の社員と比べて不当な差別を行っていると判断されるおそれがあるため、注意が必要です。

　固定残業制度を適法に行うためには、①基本給と割増賃金部分が明確に区分されている、②割増賃金部分には何時間分の残業時間が含まれているのかが明確である、③上記②を超過した場合には、別途割増賃金が支給されるという３つの要件を満たす必要があります。特に上記③は、実際に労働者が行った残業に対して割増賃金が支払われていないと判断されないように、会社は、固定の残業手当を上回る差額部分の割増賃金を支払う必要があります。

会社側のシフト編成で勤務時間が当初の予定よりも少なくなったような場合、解雇時に勤務時間不足分を請求できるのでしょうか。

会社側には、雇用契約の内容に基づいてシフト編成を作成する義務があります。

労働者にとって勤務時間の減少は、賃金の減額につながる重要な要素です。会社側が一方的に作成したシフト編成により、当初の予定よりも勤務時間が少なくなってしまうと、労働者の安定した生活が脅かされてしまいます。会社側には、雇用契約の内容に基づいてシフト編成を作成する義務があります。したがって、シフト編成を作成した結果、当初の予定よりも少ない勤務時間になる労働者が生じた場合には、雇用契約書の見直しや、労働者の同意を得る必要がでてきます。会社側がこれらの行為を怠った場合、労働者は会社側に対して休業手当の支払いを請求できる可能性があります。

休業手当とは、使用者の責めに帰すべき事由により休業した場合に、使用者は休業期間中、当該労働者に平均賃金の100分の60以上の手当を支払わなければならないというルールです。会社の一方的な都合で勤務時間を減らされた場合は、「使用者の責めに帰すべき事由」に該当することになるため、労働者側からの休業手当の請求が認められる可能性は十分にあるといえます。

なお、判例では、労働者が異議を述べずに減額された賃金を受領していた場合であっても、有効な同意（黙示の同意）があったとは認めない傾向にあります（平成9年11月4日大阪地裁判決）。

8 退職願を提出したのですが、事情があって思い直し、「会社に残れれば」と考えるようになりました。撤回したい旨を上司に伝えればよいのでしょうか。

退職願の撤回に使用者が同意すれば、撤回できます。

退職するときは通常、「退職願」を提出します。退職の申入れは口頭でもかまいませんが、後々のトラブル防止のため、代表取締役宛に退職届や退職願といった文書を出すのが普通です。法的には文書の様式に関する規定はありませんが、就業規則で退職申入れの方法が決められている会社もありますので、その場合にはその規定に従います。使用者が退職に反対しても、2週間後に雇用関係は終了します。

転職しようと思って上司に退職願を出し、受理されたものの、事情が変わってやはり退職願を撤回したいという場合には、使用者が退職願の撤回に同意すれば、いつでも撤回できます。使用者が撤回に同意してくれない場合であっても、退職願は雇用関係を終了させるための申込みにすぎませんから使用者の承諾（会社としての承諾）前であれば撤回できます。まずは上司に事情を話し、退職願の撤回が可能かどうかを確認するべきでしょう。

ただし、退職することについて会社の同意を得るのではなく（退職を願い出る退職願ではなく）、労働者が一方的に契約を解約したいとの意思を表示する辞職の場合、「退職届」の提出など、使用者側に労働者の意思が伝わった時点で、それから2週間後に契約終了の効力が生じることになるため、もはや撤回はできません。

経営が芳しくないため、週３日勤務の
パートを整理解雇する予定です。勤務日
数が正社員より少ない場合でも解雇予告
手当30日分の支払いが必要でしょうか。

パートに対しても解雇予告手当を支払う場
合30日分以上の金額が必要です。

　解雇には、経営不振などによりやむを得ず行う普通解雇と、労働者
が懲戒事由に該当することで行われる懲戒解雇があります。本ケース
の場合は、経営が思わしくないことによる整理解雇であることから、
普通解雇と扱われます。普通解雇の場合は、労働者が突然解雇に状況
下に置かれた場合に路頭に迷うことを防ぐため、会社は原則として解
雇の予定日より30日前にその社員に解雇することを予告しなければな
りません。しかし、どんな場合でも30日先まで解雇することが禁じら
れるとすると、会社にとってかなり不都合な事態が生じることもある
ため、30日分以上の平均賃金を解雇予告手当として支払えば、労働者
を即日解雇することが認められます。なお、解雇予告手当は即日解雇
する場合の他、たとえば業務の引き継ぎのため15日間は勤務させ、残
りの15日分の解雇予告手当を支払う、という形で行うこともできます。
　この場合の「労働者」は、会社で雇用され、賃金を受け取る者のこ
とをいうため、正社員に加え、パート・アルバイトなどの非正規雇用
者も該当します。したがって、今回のケースのようにパートを解雇す
る場合は、解雇予告か解雇予告手当の支払が必要になります。ここで
問題となるのが、週のうち２～３日を勤務日とするような、短時間勤
務のパートやアルバイトなどに対する解雇予告手当の計算方法です。
出勤日が通常の正社員に比べて短いのであれば、解雇予告手当もその

分カットをしてよいかといえば、そうではありません。

　解雇予告と解雇予告手当に関する規定は労働基準法による順守義務で、これは、パート・アルバイトに対しても適用される内容であるため、たとえ出勤日数が少ない労働者であっても暦日で30日より前に解雇予告をしなければならず、解雇予告手当を支払う場合は30日分以上の金額が必要です。そのため、中には毎月の賃金より高額な解雇予告手当を支払うケースもあります。ただし、日雇い者や2か月以内の期間で雇われる者、季節的な業務に4か月以内の期間で雇われる者、14日以内の試用期間中の者は解雇予告の適用から除外されます。

　また、以下のケースにおいて労働者を解雇する場合は、解雇予告あるいは解雇予告手当の支払は不要とされており、これを解雇予告の除外認定といいます。

①　天災事変その他やむを得ない事由があって事業の継続ができなくなった場合
②　社員に責任があって雇用契約を継続できない場合（懲戒解雇）

　今回のように労働者側に原因がない解雇を行う場合は、たとえパートやアルバイトであっても、解雇予告もしくは解雇予告手当を労働基準法に沿った内容で実施しなければなりません。

■ 解雇予告日と解雇予告手当 ……………………………………

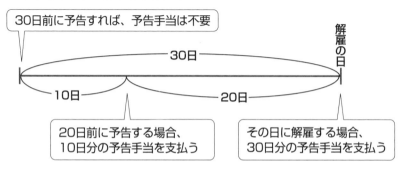

10 Question ある日突然、理由も告げられず解雇されましたがどうしたらよいでしょうか。

合理的な理由を欠いた解雇は無効です。解雇通知を受けた場合にはまずは理由を明らかにするよう要求できます。

　使用者側からの一方的な労働契約の解除が解雇ですが、解雇をするには合理的な理由が必要になります。社会通念（社会常識）上相当と認められるほどの合理的な理由を欠いた解雇は解雇権の濫用であって無効です。労働基準法20条１項には、解雇予告のことが定められています。使用者は、労働者を解雇しようとする場合に就業規則の規定を守らなければならないことは当然です。

　また、規定を守っていてもすべての解雇が法的に有効なわけではありません。解雇が有効であるためには、この規定を守った上で、さらに合理的な解雇理由が必要です。

　理由も告げられずに解雇を告げられた場合、まず解雇理由を明らかにしてもらうようにしましょう。一般的で抽象的な説明ではなく、具体的な理由の説明を求めます。たとえば勤務態度が理由だと言われたら、いつのどのような勤務態度が原因なのかを具体的に説明してもらいます。使用者に配達証明付内容証明郵便を送って解雇理由の説明を求めるなど記録を残すのもひとつの方法だといえます。こうして解雇理由を明らかにさせる過程で、解雇に合理的な理由がないことが明らかになる場合もあります。

退職するか退職後に個人事業主として下請けとして働くか求められた場合、応じなければならないのでしょうか。

応じる必要はありませんし、二者択一や応じなければ解雇する条件であれば、合意後の取消しも可能です。

・・

　まず、希望退職募集などがあり、退職するときは労働者の自由があります。逆に退職を強要された場合は、納得していない場合には絶対に退職願を書かないことはもちろん、退職に合意するような文書に署名や押印もしてはいけません。

　もし、そのような文書を書いてしまっていても、使用者による精神的、肉体的な強要や強迫などがあれば、民法96条1項（詐欺、強迫による意思表示の場合）により取り消すことができます。

　具体的には、①懲戒解雇に該当しないにもかかわらず、その可能性を告げ、退職願を提出させた、②病気回復後出社した者に、長時間にわたり退職を強要して提出させた、③会社が親などに依頼して親族に迷惑をかけるとして提出させた、などです。

　次に、個人事業主としての下請けへの切り替えを求められた場合ですが、希望退職募集と同様、応じるかどうかは労働者の自由です。ただ、退職か下請けになるか二者択一で迫られたり、応じなければ解雇するなどと言われた場合は、どちらも退職強要にあたります。実際のところ、このような退職を強要してくる会社で働きたくないという思いもあるでしょうから、労働者としては転職も視野に入れて行動する必要があるでしょう。

社長の考えに反対したことがきっかけで契約の更新を拒絶されてしまいました。他に思い当たる理由も見当たらないのですが、このような更新拒絶も認められるのでしょうか。

正当な理由のない更新拒絶は解雇権の濫用にあたります。

臨時社員やパート社員は、雇用期間を定めて雇うのが普通です。臨時社員やパート社員は、契約期間満了により自動的に契約が終了します。ただ、契約更新を何回か繰り返していると、労働者は次の契約更新を期待します。判例でもその心情を認めるものがあり、その場合は有期契約であっても「期間の定めのない契約」と同等であるとみなしています。正当な理由なく契約更新しないことは解雇と同等と判断されて、「契約期間が満了したから」という理由で契約を終了させることは、解雇権の濫用と判断されることもあります。

つまり、継続的に更新された臨時社員やパート社員の労働契約は実質的に期間の定めのない契約と変わらず、会社の更新拒絶は実質的に解雇と同じであるといえるので、正社員の解雇に関する法規制に準じて考えられているのです。更新の拒絶の理由が社長の考えに反対したというのであれば、解雇権の濫用とされ、解雇は無効になります。

また、解雇に理由がある場合でも、会社側は労働者に対し、解雇予告を行うかまたは予告手当を支払わなければなりません。まずは内容証明郵便などで更新拒絶の理由をただし、解雇の無効を訴えていくべきでしょう。

Question 13 業績悪化を理由にベテラン契約社員を解雇し、その後、新たに給料の安い若手の契約社員を採用することは可能でしょうか。新たに派遣社員を入れるのであれば問題ないでしょうか。

Answer 人員削減をしておきながら、他方で従業員の新規募集をすると無効になる場合があります。

　業績悪化を理由に社員を解雇することは、「整理解雇」にあたります。会社側が整理解雇をするためには、厳格な要件を満たさなければなりません。要件を満たしていない場合には、不当解雇になり、解雇自体が無効になる可能性があります。整理解雇の要件とは、①人員整理の必要性、②解雇を回避するために他の手段を尽くしたこと、③解雇される者の選定基準に合理性があること、④労働者側に説明し、十分に協議したこと、の４つです。本ケースのように、人件費を削減することなどを目的として、ベテラン契約社員を解雇し、若手の契約社員を採用する場合、上記の要件のうち、特に①について問題が生じる可能性があります。判例においても、人員削減をしておきながら、他方で従業員の新規募集をした点について整理解雇を無効としたものがあります。

　なお、契約社員を採用する代わりに、派遣社員を新たに入れるという場合は、通常、派遣社員と派遣先の会社の間に雇用関係はありませんから、整理解雇の要件に支障はないと思うかもしれません。しかし、雇用を調整するための派遣社員の受入れは、慎重に行うことが望ましいとされています。そのため、派遣期間を必要最小限に定める、派遣先の労働者に派遣を入れる理由を十分説明する、など、さまざまな配慮をすることが必要になるでしょう。

取引先の仕事が打ち切りになったこともあり、業績の悪化が予想されるため、やむを得ず契約期間が途中のパートを解雇したいのですが、問題が生じるのでしょうか。

正当な理由のない解雇の場合は解雇権の濫用にあたり、無効になります。

　有期契約は期間中の雇用を保証することを前提とした契約であり、原則として期間中に契約を解除（解雇）することはできません。解雇は、社会通念上適当であると判断される場合に限られるため、正当な理由のない解雇の場合は解雇権の濫用にあたり、無効になります。

　ただ、民法628条や労働契約法17条には、「やむを得ない事由があれば、契約期間の途中であっても、有期労働契約の労働者の契約を解除することが可能」という内容の規定があります。

　本ケースでは、「取引先の仕事が打ち切りになり、業績の悪化が予想される」ということが契約解除の事由となっていますので、これが使用者側の「やむを得ない事由」であると認められれば、契約期間が途中のパート社員を、使用者側から契約解除（解雇）することが可能になります。「やむを得ない事由」があるかどうかは、事案によって、個別具体的に判断されることになります。本ケースでは、パート社員を解雇しなければ会社の経営に重大な支障をきたす可能性が高いという状況であることが必要になります。ただし、この点の立証責任は、会社側が負うことになります。

　使用者側のやむを得ない事由が立証され、パート社員の有期契約を期間中に解除することになった場合、この契約の解除は労働基準法の「解雇」と判断されます。したがって、使用者が有期契約の途中解除

を行う際には、労働基準法20条の規定により、少なくとも30日（労働日ではなく休日も含めた暦日でカウントする）前の予告、予告をしない場合は30日分以上の平均賃金の支払いが必要になります。

このように企業経営上やむを得ない必要が生じた場合に、人員整理を行うのが整理解雇です。整理解雇を行う場合、配転や労働時間削減など、労働者の解雇を回避するための努力を行い、客観性・合理性のある人選などの要件を満たし、労使間で十分に協議を行う、などの策をとった上で解雇を行う、というような企業側の誠意が求められます。つまり、解雇対象がパート社員であっても、同様の策を講じた上で解雇に臨まなければなりません。

また、民法628条には「その事由が当事者の一方の過失によって生じたものであるときは、相手方に対して損害賠償の責任を負う」との一文がありますので、契約の解除を行う使用者は、残りの契約期間分の賃金と同程度の損害賠償金を負担しなければならない場合もあるということを知っておく必要があります。

●労働者の事情で有期契約を途中解除する場合

民法628条の規定によると、使用者だけでなく労働者も、途中解除について損害賠償の責任を負うことになります。ただ、労働基準法137条に、有期契約を締結した労働者（一部を除く）は民法628条の規定にかかわらず、労働契約の期間の初日から１年を経過した日以降はいつでも退職することができるとされています。

また、現実的には、労働者が出社しなくなった場合に無理に出勤を迫ることもできない、または労働者に損害賠償をするだけの資力がない、といった事情があることから、労働者からの有期契約の途中解除は比較的自由に行われる傾向にあるようです。

パートが急に「2週間後に辞めたい」と言ってきて困っています。当社では、仕事の引継ぎも考慮して、就業規則に退職についての規定があるのでそれに従ってもらいたいと思っています。

労働者の同意が得られない場合、2週間で退職できるように調整する必要があります。

多くの会社では退職予定日の30日前に退職届を提出しなければならないとする就業規則を採用していますが、労働者からの退職の申出については、民法627条で解約の申入れは2週間前にすればよいと規定されています。そのため、就業規則で30日前と記載されていたとしても、「民法により2週間前に通知すれば辞職できるはずではないか」という疑問が生じます。

判例の中には、民法627条を当事者の合意によっても異なる定めをすることができない強行法規だと捉えているものもあるようです。この判例に従えば会社は、労働者の希望通り2週間で退職させなければならないことになります。そのため、会社としては業務の引継ぎの関係で、2週間では足りないという会社の事情を説明し、合意により仕事の引継ぎに必要な期間勤務してもらうための交渉をすることになります。労働者に聞き入れてもらえないようであれば、会社として2週間で退職できるように調整することになるでしょう。ただ、判例の判断は分かれており、就業規則による特約の効力を認めているものもあるようです。

いずれにしても、会社としては、業務の引継ぎや有給休暇の消化などの問題を解決するため労働者としっかりと話し合いをし、労働者が円満に退職できる環境を整えるようにしましょう。

契約社員が長期欠勤するような場合には契約を解除できるのでしょうか。

後でトラブルにならないように解除事由をあらかじめ明記しておくことが大切です。

　契約社員は、短期集中で何らかの目的を達成するために雇用されていることも多く、長期間休まれてしまうと当初の契約の目的を達成できないことも考えられます。このような場合、長期欠勤を理由に会社は契約社員との雇用契約を解除することは可能なのでしょうか。

　期間を定めて雇用している社員との契約を契約期間中に会社側から解除することは解雇と同様に扱われますので、労働契約法から見ても問題があります。使用者は、有期雇用労働者との労働契約について、やむを得ない事由がある場合でなければ、その契約期間が満了するまでの間、労働者を解雇することができません（労働契約法17条）。そして、契約社員が長期に休業を必要とすることが、「やむを得ない事由」といえるかどうかは、それぞれの状況で判断が異なることが多く、場合によってはトラブルになりかねません。

　そこで、契約書や契約社員向けの就業規則などに、契約解除に関する条項を作成し、たとえば「事故や傷病など契約社員側の理由で30日を超えて休業しなければならない状況が生じたときは、契約期間中であっても会社は契約を解除することができる」などのように具体的な条件を明示しておくのがよいでしょう。

3月末日に期間が満了する契約社員から「月末退職は年金や失業保険の受給に不利なので前日に退職したい」と申入れを受けました。応じなければならないでしょうか。

退職日を前倒ししても必ずしも有利にならないことを説明することになります。

　社会保険の資格は退職の翌日に喪失します。したがって、3月末に退職した場合は喪失日が4月1日となるため、3月は社会保険が適用され、社会保険料の支払が必要です。一方、3月30日に退職の場合、喪失日が3月31日となり、3月分の保険料を払う必要もありません。また、60歳以上の社員が年金を受給しながら働く場合、報酬の金額に応じて年金額が調整されます。退職した場合は、調整されていた年金額を満額受け取ることになりますが、退職日が3月31日の場合に比べ、3月30日の場合は満額での支給開始月が1か月前倒しされます。ただし、この場合はそもそも3月が社会保険の被保険者期間として扱われないため、3月31日の場合と比較すると今後受給できる年金額が少額になります。

　雇用保険の基本手当については、契約通り3月末まで勤め、3月31日付で退職した場合は、給付制限がかからず即時に基本手当の受給が可能になります。一方、前倒しした3月30日退職の場合は、期間満了とはいえず自己都合による退職と扱われるため、最長で3か月の給付制限期間が生じることになります。

　このように、退職日を前倒ししたからといって、社会保険や雇用保険において必ずしも有利に判断されるとはいえないため、その旨を説明した上で、話し合いの機会を設けるとよいでしょう。

統括マネジャーと反りが合わず、解雇されたのですが、「自主退職扱いで処理する」と通告されました。納得できないのですが。

Answer 会社が自主退職扱いにすることは許されないので応じる必要はありません。

　本ケースは、自己都合での退職ではありませんので、「自主退職扱い」を受け入れる必要はありません。もっとも、労働者の勤務態度などが良好ではなく、それが原因で統括マネジャーとの間にあつれきが生まれる場合があります。そして会社側が、労働者の勤務態度が不良であることを理由に、労働者を解雇することは許される場合があります。

　ただし、どんな場合でも解雇が許されるわけではなく、就業規則や雇用契約書に記載された解雇事由に該当する必要があります。

　また、客観的に合理的な理由を欠き、社会通念上相当であると認められない解雇は、権利を濫用したものとして無効です（労働契約法16条）。

　したがって、一般に、労働者の勤務態度に大きな問題があり、会社の業務に支障が生じるほど、勤務態度等が不良である場合に解雇することが可能になります。その場合でも、即座に解雇を言い渡すことはできず、勤務態度の改善等に向けて、会社側は注意・指導を繰り返さなければなりません。統括マネジャーと反りが合わず解雇を通告された場合、会社が自主退職扱いにすることは許されません。また、解雇に関しても、軽微な勤務態度の不良に基づく解雇や、唐突な解雇の言渡しである場合には、解雇権を濫用したものとして許されません。

第4章

安全衛生・育児・介護をめぐるトラブルと解決法

パート社員が健康診断を受けさせてほしいと言ってきました。健康診断の費用は本人負担にはできないのでしょうか。

健康診断の実施義務があるパート社員について、原則会社が費用を負担すべきです。

事業主は、労働者が心身ともに健康な状態で業務に従事する環境づくりが必須で、その一環として健康診断を受診させることが義務付けられています。労働安全衛生法でも、事業主は「常時使用する労働者」に対して厚生労働省令で定めるところにより、医師による健康診断を行わなければならないと定められています。

健康診断は、まず常時使用する労働者を雇い入れるときに行います。ただし、労働者が3か月以内に受けた健康診断の結果、書面を提出した場合は省略することができます。その後、継続して雇用する場合、特殊業務に従事する場合を除いた一般の労働者は1年以内ごとに1回、定期的に行うとされています（労働安全衛生規則43、44条）。

パートタイマーの場合でも、「常時使用する労働者」として認められる内容で就業している場合は、正社員と同様に健康診断を行うことが必要です。労働安全衛生法は、パート社員等の短時間労働者についても、原則として以下の①から③のいずれかに該当し、1週間の所定労働時間が、同種の業務に従事する通常の社員の4分の3以上である者に関しては、会社等の事業者が健康診断を実施する義務があると規定しています。また、1週間の所定労働時間が、正社員の概ね2分の1以上である者は、健康診断の実施が義務付けられているわけではありませんが、実施することが望ましいとして、努力義務であると定め

られています。

① 雇用期間の定めのないパート社員等

② 雇用期間の定めはあるが、契約の更新により1年以上（深夜業を含む業務など、特定の業種に従事する労働者の場合は6か月以上）使用される予定のパート社員等

③ 雇用期間の定めはあるが、契約の更新により1年以上（深夜業を含む業務など、特定の業種に従事する労働者の場合は6か月以上）引き続き使用されているパート社員等

　パート社員等の健康診断の費用について、正社員と同様に会社に健康診断実施義務があるパート社員等については、会社側が負担すべきです。なお、前述の要件に当てはまらないパート社員等については、健康診断を受診したい旨の申出があった場合に、その費用を本人負担にすることも許されます。

　なお、会社が健康診断実施の義務に違反した場合、50万円以下の罰金に処することが労働安全衛生法に規定されています。そのため会社側としては、パート社員のうち、健康診断実施義務がある社員を的確に把握しておかなければならないということに注意が必要です。

■ パートタイマーの健康診断 ……………………………………

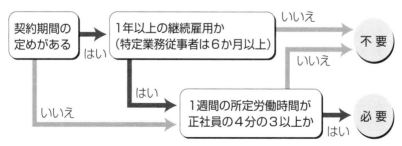

Q2 セクハラというのは「関係の強要」や「性的な発言」を意味するのでしょうか。

 被害者が性的に不快だと感じればセクハラ行為にあたります。

セクハラ行為になるかどうかについては、厳密な判断基準があるわけではありません。原則としては、被害者が性的に不快な行為であると感じれば、それがセクハラ行為に該当します。

ひとつの目安として、自分の奥さんや恋人に対して行われたら嫌だと感じるような行為かどうかという基準を用いることができます。自分の奥さんや恋人に対して行われた場合に嫌な行為は、当然、他人がされても嫌だと感じる行為なので、セクハラになります。

ただし、この基準だけでセクハラになるかどうかを判断することはできません。ケース・バイ・ケースで、性的に不快な行為かどうかを考える必要があります。

セクハラには、性的な言動などに反抗する態度を示すことで被害者が不利益を受ける「対価型」セクハラと、労働者の就業環境を不快なものにする「環境型」セクハラがあります。

対価型セクハラとしては、次のようなものが挙げられます。

①　性的な関係を求めたが断られたため、部下の給料を下げる
②　性的な関係を求めたが断られたため、仕事を与えない
③　就職活動中の学生に対する性的な関係の強要
④　取引先による性的な関係の強要

環境型セクハラとしては、次のようなものが挙げられます。

① 水着・ヌードポスターを掲示する

② 「彼氏はいないか」「彼女はいないか」と執拗に聞く

③ 容姿について論評する

④ 結婚や出産について尋ねる

⑤ 不必要にボディタッチをする

　つまり、「関係の強要」や「性的な発言」だけがセクハラではないということです。場合によっては、部下の女性を「○○ちゃん」と呼ぶ、気に入っている異性を仕事上で優遇する、③従業員を食事、打ち上げに誘う、服装を注意するといった行為も、セクハラと判断される可能性があります。

■ **事業主が講ずべきセクハラ対策** ………………………………………

> ① セクシュアルハラスメントの内容・セクシュアルハラスメントがあってはならない旨の方針を明確化し、周知・啓発すること
>
> ② 行為者については、厳正に対処する旨の方針・対処の内容を就業規則等に規定し、周知・啓発すること
>
> ③ 相談窓口をあらかじめ定めること
>
> ④ 窓口担当者は、内容や状況に応じ適切に対応できるようにすることまた、広く相談に対応すること
>
> ⑤ 相談の申出があった場合、事実関係を迅速かつ正確に確認すること
>
> ⑥ 事実確認ができた場合は、行為者および被害者に対する措置をそれぞれ適切に行うこと
>
> ⑦ 再発防止に向けた措置を講ずること
>
> ⑧ 相談者・行為者等のプライバシーを保護するために必要な措置を講じ、周知すること
>
> ⑨ 相談したこと、事実関係の確認に協力したことなどを理由として不利益取扱いを行ってはならない旨を定め、周知すること

Question 3

セクハラの程度があまりにひどく、落ち着いて仕事もできません。会社に責任はないのでしょうか。

会社にはセクハラ対策を行う義務があり、責任を負わなければなりません。

　社内でセクハラが行われた場合、セクハラを行った本人が法的な責任を負うことは当然です。しかし、セクハラの横行は会社にも責任があるため、従業員だけでなく、会社も職場内でセクハラが行われていないか注意をする必要があります。

　男女雇用機会均等法11条では、事業主は、職場において行われる性的な言動に対する労働者の対応により労働者が不利益を受け、労働者の就業環境が害されることのないよう、必要な体制の整備その他の雇用管理上必要な措置を講じなければならないと定められています。この規定により、会社はセクハラを防止する措置を講じる義務を負っているのです。また、厚生労働省が発表している「事業主が職場における性的な言動に起因する問題に関して雇用管理上講ずべき措置についての指針」では、事業主が講ずべきセクハラ対策について措置の内容が紹介されています。具体的には、事業主は従業員に対してセクハラを防止する措置を講じていくことを明確に示すことや、セクハラを相談できる体制を整備することなどが必要であると記載されています。

　会社は、社内でセクハラ行為があった場合、民事上の責任として、使用者責任（民法715条）を負います。使用者責任とは、従業員が不法行為により他人に損害を与えた場合に、使用者である会社などもその従業員とともに損害賠償責任を負うという責任です。セクハラは不

法行為に該当しますので、セクハラにより被害を被った者に対しては、会社はセクハラ行為を行った者とともに被害者に対して損害賠償責任を負います。

　また、会社は、従業員との労働契約に基づく付随義務として、従業員が働きやすい労働環境を作る義務を負っています。セクハラが行われるような職場は労働者にとって働きやすい環境とはいえないので、会社が労働契約に基づく義務を怠ったとして債務不履行責任を負う可能性があります（民法415条）。

　さらに、会社は男女雇用機会均等法に基づく義務を負っています。会社内でセクハラがあり、厚生労働大臣の指導を受けたにもかかわらずそれに従わなかった場合には、会社名が公表されます。

　このように、会社側にはセクハラのない環境づくりを行う義務があるため、セクハラの事実が認められる時点で責任を負うことになります。

■ 被害者の加害者・会社に対する責任の追及 ‥‥‥‥‥‥‥‥‥‥‥

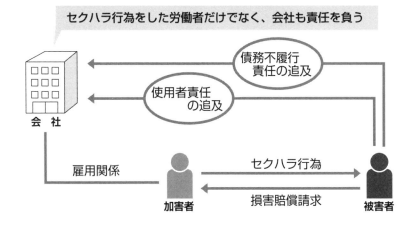

セクハラ行為をした労働者だけでなく、会社も責任を負う

債務不履行責任の追及

使用者責任の追及

会社

雇用関係

加害者

セクハラ行為

損害賠償請求

被害者

パート社員が職場の業務や人間関係の悩みから自律神経失調症と診断され、欠勤しています。当社には休職規定がないのですが、どうしたらよいでしょうか。

疾患の原因が業務上のものである場合は、休職させなければなりません。

パート社員の疾患の原因が、業務上の原因によるものであるか、業務との関連が薄い私傷病によるものであるかによって、会社側の対応は大きく異なることになります。

まず、業務上の原因によるものといえる場合には、会社は当該社員の休職を認めなければなりません。解雇することができない以上、たとえ会社で休職規定を定めていなくても、少なくとも契約期間中は雇用関係を維持しなければならないからです。

次に、私傷病によるものといえる場合には、就業規則に休職規定が定められているかどうかがポイントになります。パート社員は短期間の雇用を想定されていることが多いため、長期的な雇用を前提とした休職規定は定められていないことが少なくありません。休職規定が定められていない場合には、休職を認めることができませんので、当該社員の休んだ日は、有給休暇の消化を充てて対応することになります。そして、有給休暇をすべて消化した後は、欠勤として扱うことになります。

欠勤が長く続き、当面の体調回復が見込めないような場合には、まずは退職勧奨を行い、場合によっては解雇するという選択肢もあるでしょう。また、契約期間の満了を待ち、満了した時点で雇止めをする（更新を拒絶する）という方法も考えられます。

複数の下請会社で行われている業務において従業員が負傷した場合、責任を負うのはどの会社でしょうか。

各社それぞれの責任割合があるので、各社と相談しましょう。

　負傷した従業員の雇用主が下請会社であれば、業務上の負傷の責任はその下請会社が負うと考えるのが一般的です。

　ただ、負傷者が発注会社の企業設備を利用し、発注者が負傷者に対する事実上の指揮監督をしていた場合、発注者の社員と負傷者は同じような作業をしていたと考えられますので、発注者もこの事故の責任を負うべきと考えられます。

　さらに、別の下請会社に事故の原因があった場合には、発注者はもちろん、直接の加害者やその雇用主にも一緒に責任を負担しほしいところです（責任割合）。これについては、実際に発注者と原因を作った加害者の在籍する下請会社、負傷者の在籍する下請会社がそれぞれどのように現場に関与していたかによって変わってきます。この場合、各社それぞれの責任割合がありますので、それぞれが話し合いや、裁判などで解決する他ありません。

　なお、負傷者自身にも不注意があるような場合には、会社側の過失相殺（被害者にも責任がある場合に損害額を減額すること）の主張が認められる可能性はあります。

　さらに、会社側がすでに支払われた労災保険給付にあたる額の他、上積み補償などの負傷者に支払われた額に相当する額の減額の主張を行うこともあります。

 **6**

全員参加の社内の運動会で
ケガをした場合、労災として
認められますか。

 運動会でも業務遂行性が認められれば労災
と認められます。

　労働者が被災した事故が業務上の災害に該当するかどうかは、「業務遂行性」と「業務起因性」の2つの基準によって判断されます。

　業務遂行性とは、労働者が、労働契約に基づいて会社の支配下にあることをいい、業務起因性とは、業務と傷病などとの間に因果関係があることをいいます。そのため、会社の運動会などに参加してケガをした場合には、業務遂行性がありませんから、業務上の災害とは認められません。

　ただ、以下の場合には、業務遂行性があるので、例外的に労災と認められることがあります。

① 　主催者が健保組合や労働組合ではなく会社であること

② 　会社が参加を強制していること

③ 　当日は出勤と同様に扱われ、不参加者は欠勤とされるような場合

　会社主催の運動会であれば、①は認められます。また、通常業務の一環として行われるわけですから、会社による強制があるため、②も認められるでしょう。③については、それぞれの会社の取扱いを確認して判断しましょう。なお、会社の業務である運動会とケガとの間には因果関係がありますので、業務起因性については問題ありません。

Q7 Question

パート勤務のコンビニ店員ですが、勤務先に強盗が入ってケガをしました。店にも責任はないのでしょうか。

Answer 安全配慮義務違反があったといえる場合は、会社に損害賠償請求をすることができます。

使用者は、従業員が仕事をする上で生命や身体などが危険にさらされないように保護する義務（安全配慮義務）を負っています。もし使用者が安全を配慮する義務に違反したために従業員がケガをしたり病気になったり、死亡した場合には店側（会社あるいは個人事業主）は債務不履行として損害賠償責任を負います（ここでいう従業員には、パートなどの非正規職員も含まれます）。使用者の安全配慮義務違反を判断するには、配慮が充分でなかったことと、第三者による加害行為との間に相当因果関係（加害行為と被害との間に「原因」と「結果」の関係があり、その行為から被害が発生するのも無理はないという関係）があるかどうかが問題になります。

まず、勤務先の配慮、具体的には防犯設備が十分だったかどうかが問題となります。コンビニなどの24時間営業の店舗の場合、客や従業員の少ない深夜の時間帯に泥棒・強盗などに狙われる危険性が高くなります。万が一従業員がその場に居合わせた場合には、従業員に危害が及ぶおそれがあることは簡単に想像できます。

したがって、勤務先の防犯設備や安全教育等が不十分であったと考えられる場合には、安全配慮義務違反を根拠に損害賠償を求めることができます。

Question 8 バイク通勤途中に交通事故を起こし大ケガをしましたが、そもそも私がアルバイト勤務する会社はバイク通勤禁止です。この場合は労災として認められないのでしょうか。

Answer バイク通勤禁止でも通勤の経路・方法が合理的であれば、通勤災害は認定されます。

　国が行う労災保険の給付の対象になるのは、「業務災害」と「通勤災害」です。通勤とは、労働者が就業するために住居と就業場所との間を合理的な経路および方法によって往復することをいいます。そして、本来は業務上の災害とは認められない通勤途中の負傷、疾病、障害または死亡の場合にも、業務上の災害に準じて一定の保険給付が行われています。

　会社の中には、従業員を交通事故から守るためにバイクや自転車などでの通勤を禁止している場合が多くあります。しかし、公共交通機関での移動を避けるために会社には無断でバイク通勤をする従業員が生じる可能性があります。そして、その結果、通勤途中に事故などの災害にあうケースが十分あり得るのです。

　ただし、通勤災害に該当するかどうかの認定は、会社ではなく労働基準監督署長が行います。そして、労働基準監督署では、会社の定める規則の内容を判断基準にすることはありません。あくまでも、マイカーでの通勤の経路、方法が合理的であれば通勤災害と認定するのであり、会社がバイク通勤を禁止しているかどうかは関係しません。そのため、後日社内的な処分を受ける可能性があることは別として、通勤の経路・方法が合理的であれば、労災申請自体は認められることになるでしょう。

パートで働きながら２歳の子どもを育てています。保育園の送り迎えのために労働時間を調整してもらいたいのですが、可能でしょうか。

週３日以上、１日６時間超の勤務であれば所定労働時間の短縮ができます。

　基本的な生活習慣が身につく３歳頃までは、子どもの養育にはある程度の手がかかるものです。したがって、育児・介護休業法では企業に対し、３歳未満の子どもを養育するすべての労働者に配慮するための措置を取ることが義務付けられています。これは、パート・アルバイトなどの非正規労働者に対しても該当します。

　具体的な措置は、次の内容となっています。①と②は義務で、③から⑦までは努力義務（24ページ）です。

① 所定労働時間の短縮（短時間勤務制度）
② 所定外労働の免除
③ フレックスタイム制
④ 始業・終業時刻の繰上げ・繰下げ
⑤ 託児施設の設置運営
⑥ ⑤に準ずる便宜の供与
⑦ 育児休業制度に準ずる措置（子どもが１歳〜３歳未満の場合）

　なお、①の措置とは、労働者の１日の所定労働時間を原則６時間とするものです。そのため、所定労働時間が６時間以下のパート・アルバイトは、この措置の対象外です。

　また、①と②の措置については、継続雇用１年未満の者や１週間の所定労働日数が２日以下の者、業務の性質、業務の実施体制に照らし

て短時間勤務の措置が難しい者については、短時間勤務制度または所定外労働の免除制度が認められない労働者について定める労使協定を結ぶことで対象外とすることができます。日雇労働者についても、その性質上、①と②の措置の対象外とされています。

　なお、この所定外労働の免除の請求について、事業主は「事業の正常な運営を妨げる場合」には、これを拒むことができます。正常な運営を妨げる場合に該当するかは、労働者の担当する業務の内容、代替要員の配置の難しさなどを考慮して客観的に判断しなければなりません。

　今回のケースの場合、子どもが２歳とのことで、前述の措置の対象内となります。ただし、１日の労働時間が６時間以下の場合や週の労働日数が２日以下の場合や業務内容によっては対象外になる場合があるため、会社に対象外とする旨の労使協定が存在するかを確認する必要があります。その上で、保育園への送り迎えのために調整が必要となる時間を割り出し、適切な措置を取るよう会社に対して申し出るようにしましょう。

■ 子育てをする労働者に対する事業主（会社）の対応 …………

	内容・事業主の対応
育児休業制度	原則として子が１歳になるまで。子の小学校就学まで育児休業に準じる措置についての努力義務
所定労働時間の短縮	子が３歳までは義務、子の小学校就学まで努力義務
所定外労働の制限	子が３歳までは義務、子の小学校就学まで努力義務
子の看護休暇	子の小学校就学まで義務
時間外労働の免除・制限	子の小学校就学まで義務（子が３歳までは免除の義務）
深夜業の免除	子の小学校就学まで義務
始業時刻変更等の措置	子の小学校就学まで努力義務

コンビニでパート勤務していますが、子どもがまだ５歳で早く家に帰りたいのでできるだけ残業したくないのですが、認めてもらえるのでしょうか。

１年以上継続して週３日以上勤務する場合は時間外労働が制限されています。

　小学校就学前の子どもを養育する労働者（日雇労働者を除く）に対する労働時間の配慮には、時間外労働および深夜業の制限があります。これは、３歳未満の子を養育する労働者への配慮と同じく、パート・アルバイトなどの非正規労働者にも該当します。

　時間外労働の制限とは、労働者が請求した場合、１か月24時間、１年150時間を超える法定の時間外労働をさせることはできないというものです。事業主は、労働者の請求があった場合、事業の運営を妨げる場合を除いて拒むことはできません。

　ただし、継続雇用１年未満の者や、１週間の労働日数が２日以下のパート・アルバイトは、時間外労働制限の請求はできません。

　労働者が時間外労働の制限を希望する場合は、事業主に対して１か月前までに、制限を求める期間（１か月～１年以内の連続期間）を明示して請求します。また、この請求に回数制限はないため、小学校就学前であれば何度でも請求ができます。この措置は、「時間外労働の制限」といい、３歳までの子を養育する労働者の残業を免除する「所定外労働の制限」とは別物です。

　深夜業の制限とは、対象の労働者が請求した場合には深夜時間帯（夜10時～翌朝５時）に労働をさせることはできないというものです。時間外労働制限と同じく、事業主は、事業の運営を妨げる場合を除い

て請求を拒むことはできません。ただし、継続雇用1年未満の者や1週間の労働日数が2日以下の者、所定労働時間の全部が深夜にある者などには深夜業の制限の請求を行うことが認められていません。

　労働者が深夜業の制限を希望する場合は、事業主に対して1か月前までに制限を求める期間（1か月～6か月以内の連続期間）を明示して請求します。また、時間外労働制限と同じくこの請求には回数制限がなく、小学校就学前であれば何度でも請求することができます。

　したがって、1年以上継続勤務しており、週3日以上勤務しているパート・アルバイトの場合は、これらの制度を利用することを検討する余地があります。

■ 所定外労働の免除制度と時間外労働の制限についての比較　…

	所定外労働を免除する制度	時間外労働を制限する制度
内容	3歳に満たない子を養育する労働者がその子を養育するために請求した場合、事業主は所定労働時間を超えて労働させてはならない	小学校就学までの子を養育する労働者が請求した場合、事業主は制限時間を超えて労働時間を延長できない
対象労働者	3歳に満たない子を養育する労働者	小学校就学の始期に達するまでの子を養育する労働者
期間	1回の請求につき 1か月以上1年以内の期間	1回の請求につき 1か月以上1年以内の期間
手続き	開始の日の1か月前までに請求	開始の日の1か月前までに請求
その他	事業の正常な運営を妨げる場合は、事業主は請求を拒める	事業の正常な運営を妨げる場合は、事業主は請求を拒める

コールセンターでパート勤務をしています。親の具合が芳しくないため、介護のために長期の休みを取りたいのですが、パートでも介護休業を取得できるのでしょうか。

適用除外要件に該当しなければ、パートでも介護休業を取得することができます。

介護休業とは、労働者が要介護状態にある家族を介護することが必要な場合に、事業主に申し出ることによって休業期間を得ることができる制度です。これは、パートやアルバイトなどの非正規労働者にも認められる制度で、配偶者や子、父母などの身体上または精神上の障害のために2週間以上常時介護を必要とする家族がいる場合、その者を介護するために取得できます。可能となる休業期間は通算93日で、計3回までの分割取得が可能です。また、1日や時間単位（介護休暇）での取得が認められています。

介護休業を取得する場合、休業開始日の2週間前までに事業主に所定事項を記載した申出書を提出する必要があります。申出を受けた事業主は労働者の介護休業を拒否することはできず、申出や実際に休業したことを理由に解雇することもできません。

また、介護休業中の賃金については事業主に賃金支払義務はなく、雇用保険から介護休業給付が支給されます。介護休業給付の支給額は、賃金の67％に相当する額とされています。

なお、日雇い労働者は対象者ではありません。また、労使協定を締結している場合は、継続雇用1年未満の者、1週間の労働日数が2日以下の者、休業申出日より93日以内に退職する予定がある者は、介護休業制度の対象外となるため注意が必要です。

要介護状態の親の介護をしているのですが、ヘルパーさんを雇う時間に限りがあり、残業や深夜業ができません。労働時間についての配慮はしてもらえるのでしょうか。

一定の要件を満たしたパート労働者は介護休業の取得が可能です。

介護をしている労働者の負担を軽減するため、時間外労働や深夜業については法律上制限されています。

要介護状態にある対象家族を介護している労働者が請求した場合、事業者は、事業の正常な運営を妨げる場合を除き、制限時間（1か月24時間、1年150時間）を超えた労働をさせることができません。

また、要介護状態にある対象家族を介護している労働者が請求した場合、事業者は、事業の正常な運営を妨げる場合を除き、深夜（午後10時～翌朝5時）に労働をさせることができません。

ただし、日雇労働者や継続雇用期間が1年未満の者など一定の労働者は対象外とされているので、時間外労働や深夜労働を制限してほしいという請求をすることができません。

なお、時間外労働の制限期間は1回の請求につき1か月～1年以内、深夜業の制限期間は、1回の請求につき1か月～6か月以内です。

したがって、1年以上継続勤務しており、週3日以上勤務しているパート・アルバイトで、深夜に介護を行う者がいない場合は、これらの制度を利用することができます。

親のデイサービスへの送迎や買い物の付添いのために仕事を休まなければならない日があるのですが、パートでも取得できる介護のための休暇制度はありますか。

適用除外要件に該当しなければ、介護休暇制度が利用できます。

　介護休暇とは、年度内（通常４月～翌年３月）に要介護状態にある対象家族が１人当たり５日間、２人以上であれば10日間の休暇を取得できる制度です。１人の対象家族の１つの要介護状態につき原則として一度しか取得できないため、ある程度長期間にわたって介護が必要なときにしか利用できません。一方、短期間の介護が必要になった場合には介護休暇制度が有効です。

　介護休暇を取得できるのは、要介護状態にある対象家族を介護、もしくは世話する労働者です。「世話」には、通院の付き添いや対象家族が介護サービスの提供を受けるために必要な手続きの代行などが含まれます。介護休暇を取得するためには、事業主に対して対象家族が要介護状態にある事実や介護休暇を取得する年月日を明らかにして申出をすることが必要です。

　日雇労働者以外の労働者には介護休暇の取得が認められるため、パート・アルバイトなどの非正規労働者にも認められます。ただし、①継続雇用期間が６か月未満、②週の労働日数２日以下、の者については、介護休暇の取得ができない労働者について定める旨の労使協定が締結されていれば対象外とされます。つまり、継続勤務が半年以内または週２日以下勤務のパートは、除外者について定められた労使協定の有無を確認する必要があります。

育児休業は正社員のための制度でパートには育児休業を与える必要はないと考えているのですが、違うのでしょうか。

一定の要件を満たしたパート労働者は育児休業の取得が可能です。

　有期雇用労働者が育児休業を取得できる要件は、従来引き続き雇用された期間が1年以上あり、子が1歳6か月までの間に雇用契約が満了することが明らかでないこととされていました。令和4年4月から条件が緩和され、「雇用期間1年以上」の要件がなくなりました。引き続き雇用された期間が1年未満の労働者を労使協定の締結により除外することは可能です。育児休業給付についても同様に緩和されました。

●有期雇用労働者の育児休業の取得要件

　有期雇用労働者の育児休業の取得要件につき、「子が1歳6か月に達する日までに雇用契約（更新される場合には更新後の契約）が終了することが明らかでない」とは、休業の申出があった時点で、雇用契約の更新がないことが確実であるか否かで判断されます。事業主が「更新しない」旨の明示をしていない場合は、原則として「労働契約が満了することが明らか」にはあたらないことになります。

　なお、2歳までの育児休業の延長を申し出る場合は、取得要件が「子が2歳に達する日までに雇用契約（更新される場合には更新後の契約）の期間が満了することが明らかでないこと」となります。

　有期雇用労働者の育児休業は、一の（一つの）雇用契約期間の末日まで休業した後、雇用契約の更新に伴って更新後の雇用契約期間の初日を育児休業開始予定日とする申出をする場合には、1か月前までに

申出がなかった場合でも、事業主は開始日の指定ができません。労働者は申出どおりの日から休業を開始できます。

●会社にとっての有期雇用労働者の育児休業

有期雇用労働者の育児休業取得を促進するためには、有期雇用労働者の社内での位置付けや期待される役割等を確認、明確化することが大切です。また、正社員を含めた、柔軟な勤務体制の整備など、会社全体の仕事と生活の調和（ワーク・ライフ・バランス）を進めることも有益でしょう。

育児休業を取得したことを理由として不利益な取扱いをすることは、法律で禁止されています。しかし、職場の上司が制度の理解が不十分なためにトラブルが生じるケースもあり得ます。単に、制度を導入するだけでなく、周知や具体的な運用の説明など、育児休業を取得しやすい環境整備を図ることが求められています。

■ 有期雇用労働者が育児休業の要件を満たすケース …………

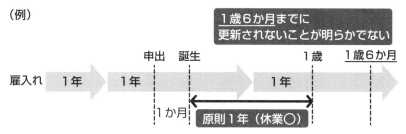

■ 有期雇用労働者が育児休業の要件を満たさないケース ………

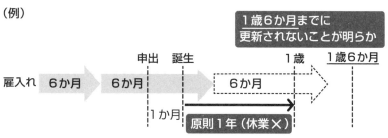

15 Question パートの女性が妊娠し、今後の遅刻・早退の可能性について申出を受けたため、「出産・育児に専念した方がよい」と伝えようと思いますが、これは問題ですか。

Answer パートの妊娠や出産を理由とした退職勧奨や不利益な取扱いは禁止されています。

　従業員が任意に退職することを促す行為を退職勧奨といいます。ただし、会社が従業員を騙したり、脅迫することで結果的に従業員が退職した場合は任意退職とはいえないため、退職は無効になります。これは、正規社員だけでなく、パート・アルバイトなどの非正規労働者に対しても同様です。男女雇用機会均等法では、パートやアルバイト含むすべての女性労働者に対して妊娠や出産を理由に退職の勧奨や不利益な取扱いをしてはならないと定めています。本ケースにおける会社側の行為は、妊娠を理由として退職に追い込んでいると判断され、結果としてパートの女性が退職した場合でも退職は無効となる可能性があります。また、不当に精神的な圧力を加えた場合はパワハラ扱いとされる可能性もあり、パワハラとされた場合は会社が不法行為を行ったとされ、パートの女性の退職について損害賠償責任を負います。

　育児・介護休業法では、労働者が出産や育児について育児休業や短時間勤務制度を活用できるように各会社へ義務付けています。女性労働者が出産や育児に専念するため仕事を辞めるべきという考え方は、これらの法律の趣旨に反します。たとえ妊娠した部下を気遣うつもりで行った発言だとしても退職が無効となる場合や訴えを起こされる可能性があるため、注意しなければなりません。

第5章

契約社員・再雇用の
法律問題と解決法

契約社員についても必要があれば出向させることができるのでしょうか。

その契約社員自身の同意を得ることができれば出向も可能です。

　「出向」の形態として、出向として異動した社員は本社に戻されることはなく、社員としての身分をすべて出向先の会社に移すことになる形態があります（移籍出向という）。一方、高度な知識や技術を持った社員が、たとえば、海外に新たに設立した工場などに指導者として出向するということもあります。このようなケースでは、社員としての身分はもとの会社に置いたまま、出向先で働くということになるわけです（在籍出向という）。

　どちらの形の出向であっても、社員自身の同意がなければ、使用者は出向を命じることができません。この点については、正社員、契約社員などの雇用形態の違いによらず同様です。

　逆に、社員自身の同意を得ることができるのであれば、契約社員であっても出向させることができるということになります。

　一般に、出向のある会社であれば、就業規則などの中で出向についての規定を設けて、入社の時点で社員の同意を得ていることが多いようです。ただし、契約社員の場合、正社員とは違う契約内容で雇用しているわけですから、就業規則などだけではなく、それぞれの契約の中で出向についての規定を設けて、さらに出向の際に本人の合意を得るという方法をとるようにした方がよいでしょう。

契約社員に業務秘密についての守秘義務を課すことができるのでしょうか。

可能ですが、守秘義務を課すことが難しいケースもあるので注意が必要です。

　「契約社員が契約期間終了後に同業他社に就職し、前の会社で得た秘密事項を次の会社の業務に役立ててしまう」といった事態を防ぐ方法としては、雇用契約時に守秘義務を課したり、同業他社への就業を数年間にわたって禁止する競業避止義務を課すといったことが考えられます。守秘義務を課す場合、「業務上で知り得た情報については、口外しない」「情報を他に開示することによって、当社に損害が生じた場合は、損害に見合う金額を賠償する」といった内容を盛り込んだ契約書を作成しておくとよいでしょう。ただ、実際に情報漏えいがあった場合に、その事実を確認する証拠を出すことが困難であることや、損害額を賠償するだけの資産が社員側にないといったことが予想され、その契約に実効力があるかどうかは疑問です。

　また、競業禁止については、憲法に定める「職業選択の自由」を侵害する行為であるという考え方もあり、義務を課すこと自体が難しいともいえます。これらのことからすると、契約社員に秘密保持を求めることは可能ですが、実際に守ってもらうことは非常に難しいということになります。そのため、最初から漏えいの危険があることを想定して、開示する資料や技術について制限を設けておくなどの防御措置をとっておくことが必要です。

月給制の契約社員について は欠勤日数分を控除するこ とはできないのでしょうか。

控除する金額をめぐって労働者とトラブル にならないようにすることが重要です。

　賃金はノーワークノーペイが原則です。月給制の場合、原則として欠勤控除は行われませんが、月給制をとりながら基本給の額が日額で定められている給与体系（日給月給制）もあり、日給月給制であれば欠勤があったときにその分の減額も認められます。

　しかし、日給月給制であったとしても、欠勤控除は基本給の１日分なのか、諸手当を含めた１日分なのかという点で、疑問が生じることもあります。手当まで含めた場合の方が控除額は大きくなりますから、企業側はこちらを主張したいところでしょう。欠勤控除の取扱いについては、法令上に規定がないため、就業規則上の規定に従うことになります。事業主からすれば、欠勤を抑制するため、「１日の欠勤で２日分の欠勤控除をする」といった減給処分も考えたくなるところですが、これは「制裁としての減給」にあたり、法律に違反します。

　なお、契約社員であっても欠勤控除できるように、就業規則に明確に定める、あるいは雇用契約書において明確に規定しておいた方がよいでしょう。一方で出勤しなかったからといって経営上の責任が軽減されない管理職者については完全月給制（欠勤控除されない）を適用することがあります。

継続雇用制度にはどんな種類があるのでしょうか。

再雇用制度と勤務延長制度があります。

　すべての企業は、定年制を廃止するか、あるいは定年を65歳以上とするのでなければ、継続雇用制度を導入する必要があります。「令和2年高年齢者の雇用状況」によると、99.9％の企業が高年齢者の雇用確保措置を実施しています。実施内容の内訳として、定年を廃止している企業は2.7％、65歳以上へ定年を引き上げている企業は20.9％、継続雇用制度を導入し、65歳まで希望者を雇用している企業は76.4％となっています。最も実施している割合が高い雇用確保措置が継続雇用制度というわけです。継続雇用制度とは、60歳となった労働者を再雇用する形で働いてもらうか、60歳となっても引き続き勤務してもらう制度です。

　なお、継続雇用制度の具体的な内容まで法律や規則で定められているというわけではなく、65歳まで雇用する形態については法令に違反しない範囲で、各企業で自由に定めることができます。そのため、労働条件の引下げがまったく認められないというわけでありません。たとえば、「57歳以降は労働条件を一定の範囲で引き下げた上で65歳まで雇用する」という制度も継続雇用制度の形態として認められます。

● **どんな種類があるのか**

　雇用継続制度には、再雇用制度と勤務延長制度の2つがあります。

・再雇用制度

　再雇用制度とは、定年になった労働者を退職させて、その後にもう一度雇用する制度です。正社員として雇用することもできますし、パートタイマーや嘱託社員として雇用することもできます。再雇用を行う場合には、通常は労働契約の期間を1年間として、1年ごとに労働契約を更新していきます。

・勤務延長制度

　勤務延長制度とは、定年になった労働者を退職させず、引き続き雇用する制度です。元の雇用契約を消滅させることなく、雇用契約が継続されます。

　再雇用制度と勤務延長制度とは、定年に達した労働者を雇用するという点では共通しています。再雇用制度は、雇用契約をいったん解消してから労働者と改めて雇用契約を締結するのに対して、勤務延長制度では元の雇用契約が引き継がれるという点に、両者の違いがあります。

　また、勤務延長制度と同じような制度に、定年年齢の引上げがあります。60歳定年の勤務延長制度のある企業では、労働者は一度、60歳になった時点で定年退職を希望することも可能です。退職を希望しない場合、勤務延長制度を利用することができます。一方で、65歳以上に定年の引上げを行った企業は、定年になるまで自己都合退職以外を選択することはできません。

■ 再雇用制度と勤務延長制度の違い ……………………………………

再雇用制度	勤務延長制度
・労働条件の変更が可能で、賃金水準を低くできる。 ・極端に賃金を引き下げると法に抵触する可能性がある。 ・労働者の勤労意欲が低下しやすい。	・労働条件の変更は難しい。 ・労働者の勤労意欲を維持しやすい。

5

Question

継続雇用においては希望者全員を対象としなければならないのでしょうか。除外できる場合もあるのでしょうか。

Answer 希望者全員を対象とします。ただし、例外的に継続雇用の対象外にできる場合があります。

　継続雇用制度を導入する場合には、希望者全員を対象としなければなりません。しかし、①高年齢者雇用確保措置の実施及び運用に関する指針による例外、②高年齢者雇用安定法が改正される平成25年4月1日以前から定められた労使協定による経過措置、のどちらかに該当する者は、65歳までの継続雇用の対象外とすることができます。

●指針で運用が定められている

　高年齢者雇用確保措置の実施及び運用に関する指針によると、心身の故障のために業務を遂行できないと認められる者、勤務状況が著しく悪く従業員としての職責を果たし得ない者、就業規則に定める解雇事由や退職事由に該当する者については、継続雇用をしないことが可能です。ただし、これらに該当する者が当然に継続雇用の対象から外れるわけではなく、あらかじめ、解雇事由や退職事由に該当する場合は除外するということを就業規則などに規定しておく必要があることに注意しなければなりません。

●継続雇用の対象から除外できる場合とは

　改正された高年齢者雇用安定法の施行時点（平成25年4月1日）で、労使協定により継続雇用制度の対象となる高年齢者に係る基準を定めていた場合には、基準の対象者の年齢を令和7年3月31日まで段階的に引き上げながら、この基準を用いることができます。

たとえば、令和4年度から令和7年度までの間は、64歳から65歳までの者については、経過措置を適用できるため、労使協定で定めた基準により継続雇用する者を限定することが可能です。

ただし、継続雇用制度の対象者を限定するためには、労使協定を平成25年3月31日までに締結しておく必要があり、それ以降に労使協定を締結しても対象者を限定することはできません。

■ 経過措置のスケジュール …………………………………………

	年金の支給 開始年齢	経過措置の適用が 認められない労働者の範囲
平成25年4月2日から 平成28年4月1日	61歳以降	60歳から61歳
平成28年4月2日から 平成31年4月1日	62歳以降	60歳から62歳
平成31年4月2日から 令和4年4月1日	63歳以降	60歳から63歳
令和4年4月2日から 令和7年4月1日	64歳以降	60歳から64歳
令和7年4月2日以降	65歳以降	60歳から65歳

※　年金の支給開始年齢欄の年齢は男性が受給する場合の年齢を記載

■ 継続雇用制度と一定の労働者の除外 ………………………………

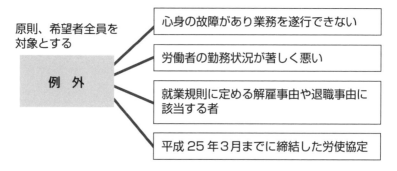

原則、希望者全員を
対象とする

例　外

心身の故障があり業務を遂行できない

労働者の勤務状況が著しく悪い

就業規則に定める解雇事由や退職事由に
該当する者

平成25年3月までに締結した労使協定

再雇用や勤務延長制度を導入する際の具体的な流れを教えてください。

就業規則等の作成・変更、労働条件決定などの順に進めます。

　再雇用制度の導入について決まった形式があるわけではありません。たとえば、就業規則に再雇用制度の内容を盛り込んだ場合には、労働基準監督署長に就業規則の変更を届け出る必要があります。また、労働協約を用いて再雇用制度を導入することも可能です。労働者と企業とが定年後に雇用契約を締結するというシステムを導入することが、再雇用制度導入の手続になります。勤務延長制度の導入についても就業規則に勤務延長制度の内容を盛り込むことはできます。再雇用制度と同様に、労働協約を用いて勤務延長制度を導入することも可能です。個々の労働契約でも、勤務期間を延長することを契約の内容とします。

●労働者の待遇の決定

　再雇用制度では、定年後の雇用形態、賃金などを労働者との間で決めることができます。勤務延長制度では、原則として定年前の雇用形態や賃金などはそのまま引き継ぎます。しかし、それでは企業の人件費負担が大きくなるため、たとえば、50 〜 55歳頃の昇給額を抑えて賃金上昇カーブを下方修正することなども検討が必要でしょう。

　なお、事業主が合理的な範囲で労働者に定年後の労働条件（賃金、雇用形態など）を提示したのであれば、労働者とその労働条件などについて合意が得られず、結果的に労働者が継続雇用を拒否したとしても、高年齢者雇用安定法違反となりません。

●具体的には通知を行うことから手続きが始まる

　継続雇用制度では、定年を迎えた労働者のうち希望する者全員を対象としなければなりません。従業員は定年後の生活設計を考えなければならないので、定年の1年前には企業の方から労働者の意向を確認するようにしましょう。その際には、継続雇用制度を利用できる条件や、継続雇用制度を利用した場合の労働条件を従業員に伝えます。そ

■ 規定例のサンプル ……………………………………………

継続雇用制度について定める就業規則の規定例

第○条（定年）定年は満60歳とし、60歳に達した日の属する月の末日をもって退職とする。

2　定年に達した従業員であって、定年到達後に雇用を希望する場合は、別に定める定年後再雇用規程に基づき継続雇用する。ただし、定年の時点で、第○条の解雇事由または第○条の退職事由に該当する場合は継続雇用の対象としない。

具体的な運用について「定年後再雇用規程」を定めた場合の規定例

第1条（目的）本規定は、就業規則○条に基づき、従業員の定年後の再雇用について定める。

第2条（継続雇用の申出）定年後に再雇用を希望する者は、定年に達する○か月前までに所定の再雇用申出書を提出しなければならない。

第3条（再雇用）継続雇用の対象者については、雇用期間が1年間の有期雇用契約によって再雇用し、原則、従業員を満65歳に達した日の属する月の末日まで継続雇用する。

第4条（更新基準）有期雇用契約を更新する基準については、次のとおりとし、会社は更新できない合理的で相当な理由がある場合には雇止めとすることができる。

（1）　契約期間満了時の業務量

（2）　勤務成績、勤務態度、業務遂行能力、健康状態

（3）　会社の経営状況

（4）　○○○○

第5条（労働条件）継続雇用する対象者の労働条件については会社が定める。

※平成25年3月までに締結した労使協定で除外対象者がある場合には、その旨の規定内容を記載する。

の後、一定の期限を区切って、労働者から継続雇用制度の利用の受付を行います。期限までに申出がなかった労働者については、継続雇用制度を利用する意思がないとみなします。雇用継続制度を利用する意向を表明した労働者につき、条件を満たしているかの審査を行い、条件を満たしているのであれば労働者が定年を迎える日に新たな辞令を出します。

なお、継続雇用する労働者を限定する基準を適用する企業の場合、継続雇用の条件を満たさない労働者も出てくる可能性があります。その場合、労働者が定年後のことを考えて動き出す時間を与えるために、できるだけ早く結果を通知するようにしましょう。

●事務手続上の例外

企業は、原則として、定年になった労働者を雇用し続ける必要がありますが、定年となった翌日から雇用しなければならないというわけではありません。事務手続上の理由がある場合には、労働者が定年となった後にしばらく雇用していない期間が生じてしまったとしても、それが違法となるわけではありません。たとえば、身辺整理や健康診断のための期間が必要になるために、定年になってから2週間後に再び雇用する制度にしたとしても、違法とはなりません。ただし、合理的な理由なく会社の一方的な都合のみで、長期間雇用の空白期間を生じさせることは許されません。

■ 継続雇用制度導入の手続きの流れ ……………………………………

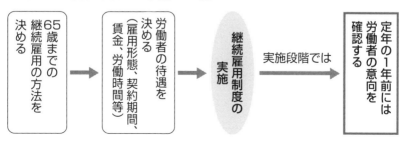

65歳までの継続雇用の方法を決める → 労働者の待遇を決める（雇用形態、契約期間、賃金、労働時間等） → 継続雇用制度の実施 → 実施段階では → 定年の1年前には労働者の意向を確認する

さまざまなタイプの再雇用制度がありますが、どんなメリットがあるのでしょうか。

会社にとっては人件費の抑制に、労働者にとっては働き方を選択できます。

　定年制がある企業では、継続雇用制度として再雇用制度のみを実施している企業が一般的です。再雇用制度とは、定年に達した労働者を退職させた後に、定年前とは異なる労働条件や雇用形態で雇用契約を締結することをいいます。

　再雇用制度を導入することは企業と労働者双方にとってメリットがあります。企業においては、契約期間を定めて雇用契約を更新していくという形態をとることが多いので、無期雇用と比較して雇用調整が容易になるというメリットがあります。また、嘱託社員やパートタイマーとして雇用することも可能になるので、定年前の条件とはまったく異なる内容で雇用契約を締結できるというメリットもあります。これらは人件費の抑制になるということで大きなメリットになります。一方で、労働者のモチベーションを下げてしまう原因となっていることが指摘されています。

　労働者側のメリットとしては、労働者自身で働き方を選択できるというメリットが挙げられます。60歳以上になると養育費や住宅ローンの負担が少なくなっていることもあり、賃金が下がってもある程度の生活ができるようになる年齢です。そのため、自分の時間を有意義に過ごすために働き方を柔軟に変更できることは労働者にとって大きなメリットです。

●契約期間や業務内容、労働条件について

　労働者を再雇用した場合の契約期間については、高年齢者雇用安定法による制限はありません。通常は、１年間を雇用期間として、１年ごとに雇用契約を更新していきます。なお、１年を超えて継続して雇用されている労働者について、本人の職務遂行能力や健康状態を理由として雇用契約を更新しない場合には、雇用契約が満了する日の30日前までに、その旨を労働者に対して予告する必要があります。

　再雇用後の労働条件については、定年前と同じ労働条件である必要はなく、変更することができます。労働者のモチベーションを考慮して労働者と十分に話し合って、勤務形態・勤務日数・勤務時間・賃金を決めることが大切です。

■ 再雇用社員の活用の仕方 ……………………………………………

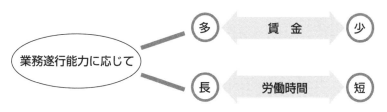

■ さまざまな再雇用社員の種類 ……………………………………

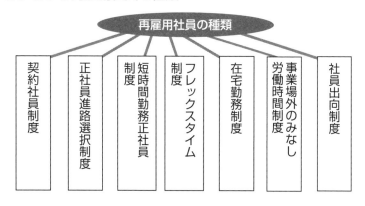

 **グループ企業のように、異なる会社での雇用でも継続雇用として認められるのでしょうか。**

 密接に関連している会社で雇用できます。

　高年齢者雇用安定法では、原則として定年まで雇用されていた労働者を継続してその企業で雇用することを求めています。

　しかし、定年まで労働者が雇用されていた企業以外の企業で雇用することも、一定の条件を満たすことができれば可能になります。その条件とは、定年まで労働者が雇用されていた企業と定年後に労働者が雇用されることになる企業とが実質的に一体と見ることができ、労働者が確実に65歳以上まで雇用されるというものです。

　労働者が定年前と定年後に雇用される2つの会社が親子会社であるなど、親子会社の間で人事の異動などが行われていれば、2つの会社を実質的に一体とみなすことができます。また、親子会社の間で、定年退職した労働者を互いに受け入れて継続雇用する旨の労働協約を締結したり、労働慣行が成立していれば、労働者が確実に65歳以上まで雇用されるという状況があるといえます。このような条件がそろえば、親子会社などグループ企業で労働者を継続雇用することが許されます。

●グループ企業とは具体的にどのような企業なのか

　①元の事業主の子法人等、②元の事業主の親法人等 ③元の事業主の親法人等の子法人等、④元の事業主の関連法人等、⑤元の事業主の親法人等の関連法人等 で雇用することが認められます。

　他社を自己の子法人等とする要件は、当該他社の意思決定機関を支

配しているといえることです。具体的には、下図に示す親子法人等の関係があることが必要です。

■ 子法人等となるための要件 ……………………………………

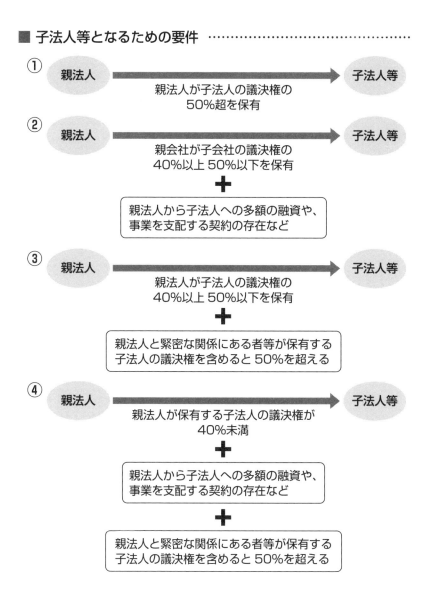

前ページの図に示している条件を満たせば、他の企業で定年となった労働者を継続して雇用することが可能です。たとえば、前ページの図①で示したように、親法人が子法人の議決権の50％以上を保有していれば、親法人を定年退職した労働者を子法人で継続して雇用することができます。

　なお、関連法人等に該当する要件についても子法人等とは別の要件が設けられています。

●自社で雇用するかグループ企業で雇用するか

　継続雇用先の範囲を拡大する特例を利用する場合に、継続雇用制度の対象者を自社で雇用するか他社で雇用させるかについては、継続雇用制度を運用する中で事業主が判断することができます。このとき、継続雇用制度の対象者を自社で雇用するか他社で雇用させるかを判断するための基準を事業主は就業規則や労使協定などで設けることもできます。

●子会社で派遣社員として雇用する

　子会社が労働者派遣事業を行っている場合には、親会社を定年で退職した労働者を子会社で派遣社員として雇用することも可能です。この場合、子会社は労働者を常時雇用する必要があります。常時雇用しているといえるためには、期間の定めなく雇用したり、一定の期間を定めて雇用されている者の雇用契約を更新していることが必要です。

　なお、70歳までの就業確保措置においても異なる会社での雇用を認めています（163〜170ページ参照）。

定年退職者を嘱託契約で再雇用するときに検討すべき労働条件について教えてください。

契約期間、仕事内容、就業時間、賃金などを決めていくことになります。

多くの会社が定年制を導入する理由としては、役職ポストを空けるためや人件費の削減、加齢による身体機能や仕事能力の衰えといったことが考えられます。しかし、平均寿命が男性約81.64歳、女性約87.74歳（令和２年簡易生命表の概況より）と、高年齢者が増えているという状況になったことや、人口減少によって労働力不足が予想されること、年金受給年齢が引き上げられることなど、社会的な状況が変化してきました。このような社会では定年を迎えた社員のそれまでに培われた経験と知識、技術を労働力として活用することは、会社としても社会全体としても必要なことです。

では、単に定年年齢を高くしたり、定年制度を廃止したりすればよいのかというと、企業経営上、そう簡単にはいきません。そこで、双方の要望を満たす方法として、嘱託社員として再雇用するということがよく行われています。

「嘱託社員」という雇用形態については、法律上の明確な規定はありませんが、概ね数年の有期契約、技術・知識の指導などを目的とした雇用であることが多いようです。

●嘱託契約で再雇用する際の労働条件はどうするか

嘱託社員を雇用する目的や理由を考えると、契約時の労働条件は、正社員など他の社員とは違う基準で設定しなければなりません。場合

によっては、嘱託社員用の就業規則を作成することも必要になるでしょう。定年退職者を嘱託契約で再雇用するときに検討すべき労働条件としては、以下のようなものがあります。

① **契約期間**

　定年退職者を嘱託契約で雇用する場合、年齢的な面から見ても期間を定めて契約するのが通常です。契約期間については、法律上は、原則として3年、厚生労働省が認める高度な専門技術を有する場合や満60歳以上の労働者の場合は5年という上限が定められていますが、契約は、半年または1年間の有期契約とし、満65歳までは本人と会社の状況を見て更新を繰り返すというのが一般的です。

② **仕事内容**

　再雇用の対象者は、退職前まで重要な役職を担っていた場合も多いようですが、いったん定年退職した場合、退職前の職務を引き続きこなさなければならないわけではありません。再雇用の際には、どのような仕事を行うかを明確にしておきます。

③ **就業時間**

　定年退職者の体力や、第二の人生計画、仕事内容などから考えると、必ずしも正社員と同様の就業時間とする必要はありません。本人と相談の上、週休3日制としたり、出勤・退勤時間をずらしたりするといった取り決めをしておくとよいでしょう。

　なお、年次有給休暇については、条件を満たせば取得の権利が発生します。また、定年退職直後に嘱託契約を締結した場合には、退職前からの年休が引き継がれますので注意が必要です。

④ **賃金**

　定年退職時の賃金を参考に決定するのが一般的ですが、必ずしもその金額を基準とする必要はありません。就業時間や業務内容などから、妥当な金額を設定すればよいでしょう。

高年齢者雇用に労働者派遣を活用することはできるのでしょうか。

特定の企業のみに派遣することも可能になります。

定年退職後については、さまざまな雇用形態で働くことが認められています。正社員として働く場合は、労働者と雇用主である会社の間で直接雇用契約が結ばれます。一方で、定年後に、グループ会社に雇用されて派遣社員として仕事を継続していくという選択肢をとることもできます。

これに対して、派遣社員（派遣労働者）として働く場合、労働者と雇用主だけではなく、派遣社員と派遣元企業、派遣先企業が関わります。このような雇用形態を労働者派遣といいます。労働者派遣は、労働者と雇用主の一対一の関係と異なり、労働者である派遣社員を雇用している派遣元企業と、派遣社員が実際に派遣されて働く現場となる派遣先企業の三者が関わる雇用形態です。労働者派遣は三者が関わるため、正社員などの直接雇用と比べると少し複雑な雇用関係となります。

正社員の場合には、正社員である労働者が労働力を提供し、労働力に対する対価である賃金を雇用主が支払う労働契約（雇用契約）を結びます。派遣社員の場合には、派遣元企業と派遣社員の間で雇用契約が交わされますが、派遣社員が労働力を提供する相手は派遣先企業になります。派遣先企業は、派遣社員に対して業務に関連した指揮や命令を出します。派遣社員に対する賃金は派遣元企業が支払います。

なお、派遣元企業と派遣先企業の間では、派遣元企業が派遣先企業

に対して労働者を派遣することを約した労働者派遣契約が結ばれます。

●**再雇用派遣社員制度のメリットとは**

　再雇用派遣社員制度とは、親会社を退職した従業員を子会社で派遣労働者として雇い入れ、そこから親会社などに労働者を派遣していくという制度です。

　子会社で雇い入れる形態は、労働者が常時雇用されていれば、どのような雇用形態であっても高年齢者雇用安定法には違反しません。高年齢者を親会社が直接に雇用するよりも、子会社に雇用してもらい必要に応じて労働者を派遣してもらうことができれば、親会社の労務管理上のコストを削減することができます。

●**特定の企業への労働者派遣が認められるケースもある**

　特定の企業のみに労働者を派遣する一般労働者派遣事業（いわゆる専ら派遣）は原則として認められていません。このようなことを認めてしまうと、特定の企業は自社で雇用するよりも派遣を利用することで人件費コストを圧縮することができます。そのコスト圧縮分が派遣労働者の賃金の減額となってしまい、派遣労働者にとって不利なためです。そのため、原則として、派遣元の事業主のグループ企業に派遣する労働者の労働時間は、全体の労働時間の８割に抑える必要があります。

　ただし、専ら派遣の例外として、派遣元事業主が雇用する派遣労働者のうち３割以上の者が、他の会社を60歳以上の定年を迎えたために退職した者である場合には、特定の会社のみに労働者を派遣することが許されます（労働者派遣法施行規則１条の４）。

　つまり、親会社を定年退職した者を子会社で派遣社員として受け入れており、その数が全体の派遣社員の３割を超えている場合には、親会社に対してのみ労働者を派遣することが許されます。

契約の更新により通算の契約期間が５年を超えた場合には無期転換ルールが適用されるのでしょうか。

 労働者が希望した場合には無期労働契約に転換されます。

労働契約法では、有期労働契約の更新が繰り返し行われ、通算契約期間が５年を超えている場合、労働者からの申込みによって、自動的に有期労働契約が無期労働契約に転換されるという「無期転換ルール」が規定されています（18条１項）。有期雇用労働者が実質的に長期間雇用されているにもかかわらず、使用者の都合で契約が更新されない（雇止め）と、労働者の生活が不安定になる可能性があるため規定されました。

具体的には、同じ使用者との間で締結していた労働契約の通算期間が５年を超えれば、労働者は有期労働契約から無期労働契約に転換するよう申込みができます。労働者から申込があった場合、使用者は、労働者の申込みを自動的に承諾したとみなされるため、申込みの拒絶はできません。また、対象となる労働者は、アルバイト、パートタイマー、準社員など名称にかかわらず契約期間の定めのあるすべての労働者になります。

しかし、無期転換ルールには特例もあります。定年に達した後、引き続いて雇用されている者について、有期労働契約が通算して５年超えた場合、無期転換申込みの権利は発生しません。この特例は157ページで説明します。

無期労働契約に転換した際の労働条件は、契約期間が「期間の定め

がないもの」になる以外は、原則として、有期労働契約を締結していたときと同じです。つまり、賃金などについて正社員と同じような待遇にすることまで求めているわけではありません。そのため、会社にとって大変なことではなく、適切な雇用関係にしていくような制度といえます。

実務上は、契約社員、パートタイマーなどとの間で契約の更新を繰り返すことが多いため、人事担当者や管理者は「契約期間が通算5年を超えるかどうか」という点に注意する必要があります。

●雇止めが無効になるルールが法定化された

使用者は、無期転換前の5年を経過するまでの間に、労働者が契約の更新を希望しているにもかかわらず、有期雇用労働者を期間満了で契約終了させることができます。こういったことが起きてしまうと、せっかくの無期転換ルールの意味がありません。そのため、有期の労働契約の更新についてのルールも定められています（19条）。事業主は、有期の労働契約が継続して更新されており、労働契約を更新しないことが解雇と同視できる場合や、労働者が労働契約の更新がなされると合理的な期待をもっている場合には、原則として労働契約を更新しなければなりません。

労働契約を更新しないことが解雇と同視できるかという点や、労働者が労働契約の更新がなされることに対して合理的な期待をもっているといえるかどうかは、更新の回数、労働契約の内容、雇用の継続に対する使用者の言動などの事情から判断します。

また、有期労働契約を締結している労働者と期間の定めをしていない労働者との間で、不合理な労働条件を設定することはできません。この規定については、労働契約法に規定が置かれていましたが、同一労働同一賃金制度が実施される中で、パートタイム・有期雇用労働法に組み込まれ、削除されています。

無期転換ルールについての各種特例について教えてください。

無期転換ルールには、定年後再雇用者を除外する特例があります。

有期労働契約から無期労働契約への転換ルールには、以下のような特別ルール（特例）があります。

① 研究者に対する特例

特例の対象となる専門家は、大学や研究開発法人などとの間で有期労働契約を締結している教員、研究者、技術者などです。

有期労働契約から無期労働契約への転換は、通算契約期間が５年を超えた場合に、労働者の申出により行うことができるのが原則です。しかし、上記の専門家が大学や研究開発法人などとの間で有期労働契約を結ぶ場合は、専門家の申出により無期労働契約への転換が可能になるまでの通算契約期間が10年超に延長されます。このように無期労働契約への転換期間に特例を設けることで、日本の研究開発能力を強化し、研究開発などを効率的に進めていくことが意図されています。この場合の通算契約期間については、専門家が大学に在学している期間を算入しないことに注意します。つまり、専門家が大学に在学しながら上記の有期労働契約を結んでいると、在学期間の分だけ無期転換ルールの適用を受ける時期が先延ばしになります。

② 高度な専門知識を持つ有期雇用労働者に対する特例

高度な専門知識を持つ有期雇用労働者は、一定期間、無期労働契約への転換申込みがなされないという特例が設けられています。特例の

適用対象となるのは、高収入・高度な専門知識を持つ有期雇用労働者
で、10年を上限としたプロジェクトに従事する場合です。たとえば、
7年間のダム建設のプロジェクトがあった場合には、その7年間は無
期転換の申込権は発生しません。ただし、7年後に有期労働契約が更
新される場合には、無期転換ルールが適用されるため無期転換申込権
が発生します。

③ 60歳以上の定年後に有期契約で継続雇用される者に対する特例

　60歳以上の定年後に有期契約で継続雇用される者に対しては、無期
労働契約への転換申込みがなされないという特例が設けられています。
これはあくまで定年前まで正社員のように無期雇用されていた者に限
定されており、60歳未満から有期労働契約が反復されている者につい
ては、無期転換ルールが適用されるため注意が必要です。

　このように②と③に該当する者は、雇用の安定が損なわれることが
少ないため特例で除外されています。また、特例を利用するためには、
雇用管理措置（高年齢者雇用推進者の選任など）の計画を作成した上
で、都道府県労働局長の認定を受けることが必要です。

■ **無期転換ルールの特例** ･････････････････････････････････

無期転換ルールの特例	研究者に対する特例	都道府県労働局長の認定が必要
	高度な専門知識を持つ有期雇用労働者に対する特例	
	60歳以上の定年後に有期契約で継続雇用される者に対する特例	

パートタイム・有期雇用労働法により事業者はどんな義務を負うのでしょうか。

正社員との待遇差の理由を説明する義務があります。

　定年後再雇用者について、労働条件が変更され、パートタイマーや有期雇用労働者になることが考えられます。そういった場合には、パートタイム・有期雇用労働法に定められた内容を果たすことが必要となります。

　パートタイム・有期雇用労働法では、短時間・有期雇用労働者について、適正な労働条件の確保、雇用管理の改善、通常の労働者への転換などに関することが定められています。最も重要な内容は、「同一労働同一賃金」と呼ばれる正社員と非正規社員の間の不合理な待遇差などの禁止について定められている点です。

　パートタイム・有期雇用労働法では、短時間労働者や有期雇用労働者が、通常の労働者との間の待遇差の内容やその理由について説明を求めた場合には、事業主はそれらに応じる必要があります（14条）。ただし、「あなたはパートタイム労働者だから、時給〇〇円です」というような説明では義務を果たしたとはいえません。①職務の内容、②職務の内容・配置の変更の範囲、③その他の事情などの要素の違いを文書などにまとめて口頭で説明するとよいでしょう。

　他方で、法律は、待遇差の内容や理由を説明することを求めているだけで、労働者が納得するまで説明することを求めているわけではありません。

Question 14

「不合理な労働条件の禁止」や「差別的な取扱いの禁止」とはどのような状態を指すのでしょうか。

3要素（職務の内容、職務の内容・配置の変更の範囲、その他の事情）を考慮して個別に判断します。

　不合理な労働条件の禁止とは、①職務の内容（業務の種類とその業務に伴う責任の程度）、②職務の内容・配置の変更の範囲（人事異動のしくみなど）、③その他の事情などを考慮し、通常の労働者（正社員など）の待遇と短時間・有期雇用労働者の基本給や賞与などの待遇について不合理な相違を設けることを禁止しています（均衡待遇規定、8条）。

　たとえば、役職手当については、管理する部下の人数が異なっている場合、業務に伴う責任の程度が異なっていると判断できるため、その違いに応じて均衡の取れた役職手当を支給する必要があります。一方で、通勤手当については、通勤にかかった費用を補填するという意味合いがあるため①～③の要素との関連は薄く、通常の労働者のみに支給し、短時間・有期雇用労働者に支給しないケースでは、不合理と判断されます。

　次に、差別的な取扱いの禁止とは、①職務の内容（業務の種類とその業務に伴う責任の程度）、②職務の内容・配置の変更の範囲（人事異動のしくみなど）が、通常の労働者と同一の短時間・有期雇用労働者との間で、基本給や賞与などの待遇について差別的取扱いを禁止しています（均等待遇規定、9条）。

　つまり、通常の労働者（正社員など）と短時間・有期雇用労働者に

おいて、①、②がすべて同じであれば賃金などの待遇について差を設けることは禁止されます（均等待遇）。また、①～③に違いがあるのであれば、その違いを考慮して賃金などの待遇を決定しなければなりません（均衡待遇）。

③その他の事情は、「定年後に再雇用された者」である点も含まれています。そのため、最近の裁判例では定年後の基本給などの減額は不合理ではないと判断しています。

一方で、精勤手当を正社員に支給して、有期雇用労働者に支給しないのは不合理と判断しています。判例では、総額で何割減らすことができるというような判断をしているわけではなく、諸手当などの賃金項目の趣旨を個別に考慮して、不合理であるか不合理でないかを判断しています。

■ 均等待遇と均衡待遇 ···

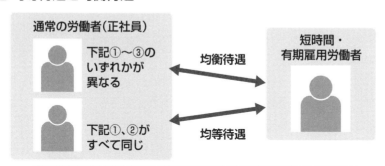

通常の労働者（正社員）

下記①～③のいずれかが異なる

下記①、②がすべて同じ

均衡待遇

均等待遇

短時間・有期雇用労働者

均衡待遇 … 違いに応じたバランスの取れた待遇とする
均等待遇 … 違いがないので同待遇とする

■ 判断要素

①職務の内容	業務の内容、当該業務に伴う責任の程度
②職務の内容・配置の変更の範囲	転勤、昇進といった人事異動、役割の変化など（将来の見込みも含む）
③その他の事情	合理的な労使の慣行、定年後に再雇用された者など

同一労働同一賃金ガイドラインについて教えてください。

不合理かどうか判断するために具体的な事例が記載されています。

「不合理な労働条件の禁止」や「差別的取扱いの禁止」については、どのような待遇差が不合理なのかどうか判断が難しいといえます。そのため、同一労働同一賃金ガイドライン（短時間・有期雇用労働者及び派遣労働者に対する不合理な待遇の禁止等に関する指針）が厚生労働省により定められています。このガイドラインでは、基本給、賞与、手当、福利厚生などについて、待遇の相違が不合理と認められるかどうかについての原則となる考え方や問題となる具体例などが示されています。

　しかし、正社員とパートタイム労働者の基本給の決まり方は企業によってさまざまな要素があり、ガイドラインで示されているほど単純ではないなどの問題もあるようです。

　そして、非正規雇用労働者（パートタイム労働者、有期雇用労働者）の待遇改善ではなく、正社員の待遇を不利益に変更することで、不合理な待遇者の解消をする場合であっても、労使の合意によって引き下げること、正社員と非正規雇用労働者との間で職務の内容を分離する場合でも、正社員との間で不合理な待遇差の解消が求められること、などに留意することが記載されています。

16 70歳までの高年齢者を雇用する環境はどうなっているのでしょうか。

令和３年４月から70歳までの就業確保措置が努力義務となりました。

　政府は令和元年６月21日に「成長戦略実行計画」を閣議決定しています。成長戦略実行計画の中では、全世代型社会保障の改革に向けた取り組みとして「70歳までの就業機会確保」を挙げています。

　70歳までの就業機会の確保は、60歳以上の高年齢者の意識と健康状態の変化が前提にあります。これまで定年と考えられていた60〜65歳という年齢でも、意欲や能力が衰えず、まだまだ働くことができる高年齢者が増えてきたといえます。一方、高年齢者を雇用する企業の状況は、令和２年高年齢者の雇用状況の集計結果によると、65歳までの雇用確保措置（定年制の廃止、定年の引上げ、継続雇用制度の導入）を実施している企業が99.9％となっています。66歳以上働ける企業は33.4％、70歳以上働ける企業は31.5％と年々増加しています。

　このように高年齢労働者や、雇用する企業の両方において、70歳まで就業機会を確保できる環境が整ってきたといえます。また、少子高齢化は年金や税金を納める生産年齢人口の減少と年金が支給される高齢者世代の増加を意味し、社会保険財政を悪化させる要因にもなっています。そのため、70歳まで働ける環境は、社会保険財政の健全化の観点からも非常に大切なことです。

●雇用確保の義務内容の見直しが行われた

　厚生労働省は、政府が決定した「成長戦略実行計画」をより具体的

にするための検討会議を立ち上げ、「高年齢者の雇用・就業機会の確保及び中途採用に関する情報公表について」を策定しています。この中で、高年齢者の雇用・就業機会の確保について下記の点を挙げています。

① 65歳までの希望者全員の雇用確保措置（高年齢者雇用確保措置）の取り組みの継続

② 70歳まで就業機会が確保できるための法整備（高年齢者就業確保措置）及び指針の策定

③ 高年齢者就業確保措置の実施に関する指導及び助言、計画の作成及び提出

④ 70歳までの措置に関する実施状況の報告事項の追加

　これらの検討会の意見をふまえ、70歳までの高年齢者の就業確保措置を実施することを企業の努力義務とした法改正が、令和3年4月に施行されています。

■ 具体的な就業確保措置の内容 ……………………………………

1. 定年の引上げ	70歳まで定年年齢を引き上げる
2. 定年制の廃止	定年の定めの廃止
3. 継続雇用制度の導入	勤務延長、再雇用制度の導入 （対象者を限定することも可能）

（上記の他に、労働者の過半数代表者との同意によって次の創業支援等措置を実施することもできる）

4. 継続的に業務委託契約を締結する制度	会社と委託契約などを締結して70歳までの就業を確保する
5. 社会貢献活動に継続的に従事できる制度	社会貢献活動を実施する団体などとの委託契約などにより70歳まで従事させる

70歳までの就業確保措置の義務化によるメリット・デメリットについて教えてください。

就業確保により、高年齢者と企業の双方にメリット・デメリットがあります。

　高年齢者が70歳まで何らかの形で就業ができることは、ある程度の所得が保障されるとともに、定年後の不安が払拭され、労働意欲の向上が期待できます。また、定年後においても仕事をしていることは社会とのつながりの維持、生きがい・やりがいなど心身にとってもよい面があります。70歳までの就業確保措置は、65歳までの雇用確保措置とは異なり、フリーランスや社会貢献活動への従事など雇用関係に捉われない働き方も含まれます。そのため、これまでの知識や経験を活かし仕事の幅を広げたり、自らの裁量の下で仕事を決めるなどより柔軟な働き方を実現することもできます。

　企業にとっても、優秀な人材を確保でき、指導者として雇用契約や委託契約を結ぶことで、ノウハウなどの喪失リスクを低減することが可能です。また、人手不足を補うために高年齢者を積極的に活用することもできます。

●改正によるデメリット

　70歳までの就業機会の確保はよい面ばかりではありません。高年齢者では健康に不安を持っている人も多く、一律に70歳まで健康で働き続けることができるとは限りません。そのため、70歳まで働くことができない場合を考慮して、年金などで生活を維持できるような社会保障制度があるべきです。

企業にとっても、健康と安全に気を配る必要があります。高齢になるほど体力・注意力の衰えから、生産性の低下、労災事故が発生する可能性もあります。そのため、事故防止に向けた設備の導入、作業環境の変更などコストがかかる対策を講じる必要性も考えなければなりません。

　70歳以上の就業機会の確保は、高年齢労働者の増加を促進します。定年退職で不足した人材を新卒、中途採用するなどの人材流動化が期待できず、人材を選ぶ範囲が狭まることで企業組織の硬直化も考えられます。また、就業確保によって必要以上に人員が増えすぎると人件費の上昇が考えられるため、制度導入時には最も注意する必要があるでしょう。

　フリーランスなどとして就業を継続する場合には、これまでの雇用契約と異なることから、手続き面や仕事の依頼について煩雑さが増す可能性もあり、企業にとっては負担になることが考えられます。

■ 70歳まで就業できるメリット・デメリット……………………

メリット	デメリット
・所得の補償ができ、労働意欲の向上 ・社会とのつながり、やりがいなどの獲得 ・柔軟な働き方の実現 ・優秀な人材の確保 ・人手不足の解消	・健康面により一律70歳まで働くことが困難 ・健康や安全への配慮 ・労働者の高齢化、企業組織の硬直化 ・人件費の増加 ・委託契約の手続き、仕事の依頼など業務の増加

高年齢者の就業確保措置について教えてください。

5つの方法により70歳までの就業確保措置（努力義務）を実施します。

70歳までの高年齢者就業確保措置は、65歳までの高年齢者雇用確保措置で定められている定年の引上げ、定年制の廃止、継続雇用制度の導入以外にいくつかの措置を企業の努力義務としています。これは、70歳までの就業についてそれぞれの高年齢者の考え方や健康状態によって一律に雇用するという形が必ずしも最適ではなく、さまざまな選択肢がある方がよいという考えによるものです。

令和3年4月以降は、65歳以上の高年齢者に対して70歳まで就業を可能とする下記のような措置を実施するように努力することが求められます。ただし、原則として①～③のうちのいずれかの措置を実施することが必要であり、例外的に、労働者の過半数代表者との同意によって、④、⑤のような創業支援等措置を実施することができるとなっている点に留意しておきましょう。また、これらの複数の措置を組み合わせて実施することも可能です。

① 定年の引上げ

既存の65歳までの雇用確保措置で定年を引き上げる場合には、定年年齢を65歳まで引き上げることが必要です。70歳までの就業確保措置においても同様に、定年年齢を70歳まで引き上げることが求められます。

② 定年制の廃止

定年の定めを廃止します。年齢を理由に退職させることはできない

ため、退職や解雇基準を作成することが必要になります。

③ 継続雇用制度の導入

　65歳までの雇用確保措置と同様に、勤務延長や再雇用制度を導入して70歳まで就業を確保する方法です。ただし、70歳までの就業確保措置の場合には希望者全員を対象とせず、対象者を限定することができます。また、65歳以降も特殊関係事業主（子法人、親法人、関連法人など、自社の関連法人等のこと）で雇用することも可能です。60歳で定年し、特殊関係事業主で65歳まで再雇用された高年齢者の就業確保措置については60歳まで雇用していた事業主が責務を負うとされています。

④ 継続的に業務委託契約を締結する制度

　企業は雇用契約という形ではなく、高年齢者が希望すれば委託契約などを締結して70歳までの就業を確保することもできます。ただし、委託契約については金銭を支払うものに限定されています。また、このような事業を開始する高年齢者は、創業高年齢者と呼ばれます。

⑤ 社会貢献活動に継続的に従事できる制度

　高年齢者が社会貢献活動などでの就業を希望する場合には、それらの事業に従事させることで、70歳までの就業確保措置を実施することができます。従事させる事業には、「事業主が実施する社会貢献活動」「事業主から委託を受けた団体が実施する社会貢献活動」「事業主から必要な資金や援助を受けている団体が実施する社会貢献活動」があります。いずれの社会貢献活動においても、不特定多数を対象としており、その多数の者の利益の増進に寄与することを目的とする事業でなければなりません。たとえば、ⓐ特定の宗教の教義を広め、儀式行事を行い、信者を教化育成することを目的とする事業や、ⓑ特定の公職の候補者や公職にある者、政党を推薦・支持・反対することを目的とする事業は、高年齢者雇用安定法における「社会貢献活動」に該当しません。

　また、団体と高年齢者との契約は、労働契約を除く委託契約やその他の契約が考えられており、金銭を支払うものに限られています。

65歳以降70歳までの就業確保措置を講じる際に、就業規則を変更する必要はあるのでしょうか。

就業規則を変更し、就業規則を労働基準監督署へ提出します。

　65歳以降70歳までの就業確保措置については2パターンに分類されます。まず、定年の引上げ、定年の廃止、継続雇用制度の導入については、就業規則の「退職に関する事項」に該当するため就業規則の変更が必要です。なお、常時10人以上の労働者を使用する使用者が、法定の事項について就業規則を作成し、行政官庁に届け出ることが義務付けられています。就業規則の変更は、変更後の就業規則について労働者代表者の意見を聞き内容を周知し、所轄の労働基準監督署長に届け出るという手順を踏みます。

　また、創業支援等措置（継続的に業務委託契約を締結する制度、社会貢献活動に継続的に従事できる制度）を導入する場合にも、就業規則の変更が必要になります。この就業規則の変更は、前述と同様に労働基準監督署への提出が必要となります。さらに、創業支援等措置の実施に関する計画を作成し、過半数労働組合等の同意を得る必要があります。なお、この計画については、労働基準監督署に届け出る必要はありません。

　就業規則の記載は、定年の引上げ、定年の廃止、継続雇用制度の導入、継続的に業務委託契約を締結する制度、社会貢献活動に継続的に従事できる制度のいずれかを採用する旨の記載を行います。また、対象者を限定する場合には、その基準を記載することになります。

業務委託契約等で不更新や解除事由を定めることは問題ないのでしょうか。

労使での合意が必要になりますが可能です。

　高年齢者就業確保措置は努力義務であるため、業務委託契約等を更新しないまたは解除事由について定めることが可能です。

　しかし、通常の業務委託契約などと同じように事業主が好きなように決めることができるかと言ったらそういうわけではありません。70歳までの就業確保措置では創業支援等措置の実施に関する計画を労使で合意しなければなりません。さらに、計画内容については労働者への周知も求められています。

　業務委託契約等を更新しない、または解除事由を定める場合には、創業支援等措置の実施に関する計画の記載事項である「契約の終了に関する事項（契約の解除事由を含む）」に盛り込む必要があり、それについて労使での合意が必要になるということです。

　また、創業支援等措置については労働基準法などの労働関係法令が適用されない働き方であることを十分に説明し、トラブルにならないようにしておくことが必要です。

　なお、創業支援等措置の実施に関する計画は、事業主が雇用する労働者数にかかわらず、当該措置を講ずるすべての事業主が作成する必要があります。

第6章

副業・兼業の
法律問題と解決法

労働者は会社の許可なく副業・兼業を行うことはできるのでしょうか。

本業に支障がなければ副業を行うことも認められます。

　副業や兼業に明確な定義があるわけではありませんが、一般的には「本業以外で収入を得る仕事」とされています。

　副業・兼業にはさまざまな形態がありますが、その全般について法的な規制があるわけではありません。企業と雇用契約を結んで労働者として働く場合には、副業であっても労働基準法などの労働法規が適用されますし、本業の使用者との関係にも影響を及ぼします。

　就業規則において正社員の副業を「原則禁止」または「会社の許可が必要」と規定している企業は多いようです。ただ、憲法では「職業選択の自由」を謳っています。

　我が国の法令上、副業禁止が明記されているのは公務員だけで、民間企業に勤務する労働者の副業を禁じる規定はありません。

　しかし、就業規則などで副業を禁止することが法的に一切認められないわけではありません。また、営業秘密の保持などを重視して、就業規則などで副業を禁止するにとどまらず、会社の許可なく行った副業について、就業規則などで懲戒事由にしていることもあります。

　会社側が副業を禁じる理由としては、「副業をすると、疲れがたまって本業に支障をきたす」「副業先で本業の情報が漏えいするおそれがある」「残業や休日出勤ができなくなる」などが挙げられます。副業禁止の就業規則を破って、会社側から懲戒処分（懲戒解雇処分な

ど）を受けた労働者が、会社を訴えた裁判においても、上記のような理由で会社に損害を与えたり、労務の提供に支障が生じるおそれがあるとして、会社側の懲戒処分の適法性を認めることもあります。

　たとえば、毎日6時間に及ぶ深夜にまでわたる長時間の副業について、本業である会社における勤務に支障が生じるおそれがあるとして、会社が副業を行う労働者に懲戒処分を行うことが認められると判断されたケースがあります。また、会社の管理職にあたる労働者が、直接経営には関与しないものの競合他社の取締役に就任した事案について、会社が懲戒処分を行うことが許されると判断されたケースもあります。

　副業によって会社に対して不利益が生じるおそれがあるとはいえない場合には、基本的には、労働者の副業を制限することはできず、副業をすることは懲戒事由にあたらないと考えられます。したがって、就業規則の副業禁止規定が常に有効だとは限らず、たとえ規定が有効だとしても、規定に違反した労働者を常に懲戒処分にできるとは限りません。なお、副業について許可または届出を条件とする会社も存在します。許可の条件として、業種を制限したり、時間や日数を制限することも考えられます。この場合、会社は副業の是非を判断することができ、労働者も懲戒処分を恐れず副業をすることができます。

■ 副業 ……………………………………………………………………………

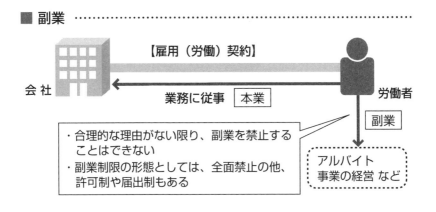

副業・兼業のメリット・デメリットについて教えてください。

Answer 会社にとっても人材育成・人材確保につながります。

　副業・兼業は、企業にとって、人材育成につながるというメリットがあります。具体的には、社外でも通用する知識・スキルの研鑽に努めることで自立した社員を増やすことができることや、副業が個人事業であれば経営者の感覚を養えることなどが挙げられます。

　また、人材の獲得・流出防止のメリットがあります。具体的には、経験豊富な人材を副業として受け入れることで、比較的低コストで人材を獲得することができることや、副業を認めることで優秀な人材をつなぎとめ、雇用継続につながることなどが挙げられます。新たな知識・人脈などの獲得のメリットもあります。副業先から得た知識・情報・人脈は本業の事業拡大のきっかけになる可能性があります。

　副業・兼業の制度が、必ずしもすべての業種・業態に相性がよいわけではありませんが、たとえば、技術革新が著しいIT分野での副業・兼業は、社外の知識、スキル、人脈などを得ることができるため、メリットが大きいといえます。

　社員にとっては、副業で所得が増加することが最も大きなメリットです。また、将来のキャリアを形成するためのリソースとなる社外で通用する知識・スキル、人脈を獲得することで、労働・人材市場における価値を高めることができます。

　副業・兼業は、本業では得られないやりがいを得ることもできます。

たとえば、本業で安定した生活ができる所得を稼ぎながら、社会貢献活動や芸術活動に挑戦できます。また、将来の起業や転職に向けた準備期間として副業を利用することもできます。

●デメリットもあることに注意

企業にとってのデメリットは、長時間労働による社員の健康への影響や、労働生産性の低下が懸念されることです。業務上の情報漏えい、本業との競業によるリスクが高まることも、デメリットとして挙げられます。

長時間労働による社員の健康への影響と関連するところでは、本業の業務時間中における社員の労災リスクが高まることも懸念されます。また、現行の法制度上は、本業と副業の労働時間が通算され、時間外労働の割増賃金が発生する場合があることなどもデメリットとして挙げられます。

社員にとってのデメリットは、就業時間の増加によって心身への負担が大きくなり、本業への支障をきたすことです。本業に支障をきたすようになると、本業における評価が低くなる（その結果として本業の給与が減額される）こともあるでしょう。また、本業と副業の仕事のタスクが多くなると、それらを管理することが困難になるリスクもあります。

昼夜の交代勤務や肉体的負担の大きな業種・業態では、社員をきちんと休ませるという意味では、副業・兼業に向かない場合もあるでしょう。

●労働者はどんなことを知っておくべきか

裁判例や「副業・兼業の促進に関するガイドライン」によれば、就業時間外の時間については労働者の自由であり、会社は、本業に支障をきたす場合、副業・兼業が不正な競合にあたる場合、企業の名誉・信用を損なう場合、企業秘密が漏えいする場合などのような制限すべき理由がない限り、副業・兼業を認めなければなりません。まず、労働者は、就業規則や労働契約において会社の副業・兼業のルールを確認する必要があります。また、就業規則などには、副業・兼業の手続きを定めている場合があります。たとえば、届出制や許可制の手続きであ

れば、副業先の会社名、契約形態、業種、就業時間、休日などを届け出る必要があるでしょう。次に、本業への支障がないことを伝えるなど上司や人事部の担当者と話し合いをしておくことは最も重要なことです。

　副業・兼業を開始した後には、労働時間の管理と健康状態の管理を自身で行う必要があります。「副業・兼業の促進に関するガイドライン」では、会社による副業・兼業先の労働時間の管理の方法として、労働者からの自己申告による管理を挙げています。そのため、会社は労働者から副業・兼業先の労働時間の把握のため、実際の就業時間の申告を求めると考えられ、労働者はそれらを提出する必要があります。健康状態の管理に関しても、副業・兼業による過労によって健康を害していないかを自ら把握しておく必要もあるでしょう。

　なお、副業・兼業によって年間所得20万円以上の場合には、本業の会社の年末調整ではなく、個人の確定申告が必要になるため注意が必要です。20万円以上になるかどうかは、原則として収入から必要経費を控除した額によって判断します。

■ 副業・兼業のメリット・デメリット ……………………………

	企　業	社　員
メリット	・人材育成 ・人材の獲得・流出防止 ・新たな知識・人脈などの獲得	・所得増加 ・自身の能力・キャリアの拡大 ・やりがいの獲得 ・起業や転職の準備期間の確保
デメリット	・社員の健康への影響、労災リスクが高まる ・労働生産性の低下 ・業務上の情報漏えい、本業との競業によるリスク	・心身への負担増加 ・本業の評価への影響 ・本業と副業のタスク管理の困難さ

3 Question 副業・兼業の促進に関するガイドラインの概要について教えてください。

会社としては労働者の健康管理や情報管理などに留意する必要があります。

　公務員を除いて副業・兼業を一般的に規制する法律はありませんが、かつては厚生労働省が作成している「モデル就業規則」において、副業・兼業に関する規定は「原則禁止」という形をとっていました。しかし、働き方改革の一連の流れの中で、モデル就業規則の副業・兼業に関する規定は「原則推進」に改定されました。

　モデル就業規則の改定に加えて、副業・兼業の推進の環境整備を行うために作成されたガイドラインが副業・兼業の促進に関するガイドラインです。ガイドラインは、副業・兼業に関わる現行の法令や解釈をまとめたもので、企業や労働者の対応とともに、副業・兼業に関わる現行制度についての課題が挙げられています。そして、この課題は今後検討されるべきものとされ、企業にとっては副業・兼業を推進するための妨げとなっています。

　さらに、ガイドラインと合わせて「副業・兼業の促進に関するガイドラインQ&A」も作成されています。Q&Aにおいては、労働時間管理、健康確保措置、労災保険について、具体例を示しながらガイドラインの補足が行われています。

　以下、ガイドラインで示されている副業・兼業における企業や労働者の対応について見ていきましょう。

●企業はどんなことに気を付けるべきなのか

　副業・兼業については、モデル就業規則においても裁判例において
も「原則推進」することになっています。そのため、ガイドラインに
おいても、労働者の希望に応じて、原則的には副業・兼業を認める方
向で検討するように記載されています。その理由として、労働時間以
外の時間をどのように利用するかは、基本的には労働者の自由である
ことを指摘しています。

　モデル就業規則では、①労務提供上の支障（たとえば、後述する長
時間労働や不規則労働による健康障害のおそれ）、②業務上の秘密の
漏えい、③競業による自社の利益の侵害、④自社の名誉や信用を損な
う行為や信頼関係を破壊する行為、といった事項に該当しないかどう
かを確認するため、副業・兼業を事前の届出制とすることを定めてい
ます。ガイドラインでは、現行の労働基準法が規定する本業と副業の
労働時間の通算について触れており、労働時間を適切に管理するため
にも、副業・兼業の内容を事前に申請・届出させることが望ましいと
しています。

　副業・兼業を認める場合、企業としては、労働者の長時間労働や不
規則労働による健康障害に気をつけなければなりません。ガイドライ
ンでは、時間外・休日労働を抑制することや、安全配慮義務について
留意すべきことを示しています。

　なお、健康管理について、会社は労働者に対して健康診断を受診さ
せる義務があります。ただし、週の所定労働時間が通常の労働者の所
定労働時間の４分の３より少ない労働者については受診させる義務は
なく、副業・兼業をしていても労働時間の通算をする必要はありません。

●労働者から申出があった場合にはどうする

　副業・兼業について労働者から申出があった場合には、原則として
認める必要があります。しかし、前述した①〜④にいずれかに該当す
る場合には、副業・兼業を認める必要がないため、申出を受けた時点

でそれらに該当するかどうかを確認します。副業・兼業が現在の業務の支障にならないかどうか、労働者と上司などで十分な話し合いを行うことも必要です。また、労働者が申し出やすいように、副業・兼業を認める範囲や手続きなどを就業規則に定めておくとよいでしょう。

　副業・兼業の許可をする際に、就業時間外のことについて必要以上の情報提供を求めるのは、プライバシー侵害となる場合があるので注意が必要です。どこで副業・兼業を行うのか、副業・兼業先の就業時間や業務量についての情報提供を求める程度は、不正な競業や労働時間管理の観点から問題ないとされています。

　副業・兼業の開始後は、副業・兼業先での労働時間や健康状態について把握する必要があります。企業は、月に1回程度、副業・兼業の実績報告書を提出するようにルールづくりをしておくとよいでしょう。労働者側も、自身の勤務時間や健康状態を知る上で大切なものであることを理解して、進んで協力する必要があるでしょう。ガイドラインでは、労働者が始業・終業時刻、休憩時間、勤務時間、健康診断結果などを記録することができるツールの活用が望ましいとしています。

■ 副業・兼業の促進に関するガイドライン ……………………………

ガイドライン： 現行の法令や解釈をまとめたもの	【主な内容】
下記の内容で構成される ● 副業・兼業の現状 ● 副業・兼業の促進の方向性 ● 企業の対応 ● 労働者の対応 ● 副業・兼業に関わるその他の 　現行制度について	・副業を原則認めること ・労務提供上の支障や企業秘密の漏えいなどがないか確認するために、事前に申請・届出をさせることが望ましい ・副業・兼業先での労働時間、健康状態の把握を行うこと 　　　　　　　　　　など

副業制限について教えてください。

 合理性のない副業制限は無効となるリスクがあります。

　副業・兼業を一般的に規制している法律はなく、原則として自由に行うことができます。ただし、公務員については、国民の奉仕者という職務の立場があるため、国家公務員法や地方公務員法で副業・兼業を原則禁止しています。ただし、働き方改革の一連の流れの中で、平成31年３月に国家公務員の兼業許可基準が示されるなど、公務員の副業・兼業が徐々に緩和される傾向にあります。

　このように、公務員以外の人による副業・兼業は原則自由ですが、会社がすべての副業・兼業を許してしまうと、会社にとってリスクが高まる場合があります。たとえば、本業の会社と競合する他社で副業をしている場合には、その従業員が本業の会社の機密情報を漏らしてしまう可能性があります。また、日中時間帯を本業の会社で労働した後、夜間に長時間のアルバイトなどで労働した場合には、睡眠時間が削られ、本業の業務中にミスやケガが生じるなど、本業での支障が生じる可能性もあります。

　このように副業・兼業を認めることで会社のリスクが高まる場合には、それを制限もしくは禁止することができます。これを副業制限（兼業制限）といいます。反対に、会社へのリスクがないと判断できる場合には、副業・兼業を認める必要があります。

●制限にはいくつかのパターンがある

　一般的に、裁判例などにおいて副業制限を設けることができる理由として、以下のようなものがあります。

① **不正な競業や情報漏えいのおそれがある場合**

　競合他社での就業は、意図するかしないかにかかわらず、本業の会社の機密情報漏えいなど、本業の会社の利益を害するおそれがあります。特に従業員が競合他社への転職や起業の準備として副業・兼業をする場合には、情報漏えいなどのおそれが一層高まります。

② **本業の会社の社会的信用を傷つける場合**

　副業・兼業先の会社について、たとえば、反社会的勢力との関連が疑われる会社で働くことは、本業の会社の社会的信用を傷つけるおそれ（会社の名誉・信用の侵害や信頼関係破壊のおそれ）があります。社会的信用を大切にする会社では、従業員がそういった会社で働いていることが公にされると、会社のイメージがダウンして売上が落ち込む可能性があります。

③ **長時間労働などで本業に支障が生じる場合**

　副業・兼業をすると、必然的に労働時間が長くなります。そのため、本業中の居眠りが増える、集中力が途切れてミスを頻発するなど、本業へ支障をきたすおそれがあります。さらには、従業員自身の健康を害する可能性もあります。

■ **副業を制限できる場合（公務員を除く）**……………………………

　　原 則 ⟹ 副業を許可しなければならない

　　例 外 ⟹ 下記のいずれかに該当する場合には、副業を制限もしくは禁止することができる

　　　　　　┌─────────────────────────┐
　　　　　　│ ①不正な競業、情報漏えいのおそれがある場合 │
　　　　　　│ ②本業の会社の社会的信用を傷つける場合 　　│
　　　　　　│ ③長時間労働などで本業に支障が生じる場合 　│
　　　　　　└─────────────────────────┘

複数の事業所で働く場合の労働時間の通算について教えてください。

複数の事業場で働く場合（事業主を異にする場合も含む）、それぞれの事業場の労働時間を通算します。

　通算した労働時間が法定労働時間を超えた場合、超えた分の割増賃金は各事業場の使用者が支払う義務を負います。さらに、原則として月45時間、年360時間という時間外労働の上限が労働基準法の規定で明示されています。「事業場を異にする」とは、事業主が異なる場合も含んでいます。つまり、本業先のA社と副業先のB社において、それぞれの労働時間を通算するということです。

　また、労働時間の通算によって、法定労働時間を超えた場合、一般的には、後で雇用契約を締結した使用者は、契約の締結にあたって、労働者が他の事業場で労働していることを確認した上で契約を締結すべきであり、割増賃金を支払う義務を負うことになります。

　ただし、通算した所定労働時間がすでに法定労働時間に達していることを知りながら労働時間を延長するときは、先に契約を結んでいた使用者も含め、延長させた各使用者が割増賃金を支払う義務を負います。以上の考え方を具体的なケースにあてはめて考えると、次ページ図（①〜④）のような結論になります。

　なお、割増賃金の支払いがどちらの事業主に発生するかはそれぞれのケースを検討しなければなりません。そのためには、副業の許可をする段階で、副業先の所定労働日、所定労働時間などを申告させること

が考えられます。毎月、副業の実労働時間を申告させることも有効です。

■ 割増賃金が発生するケース例 ···

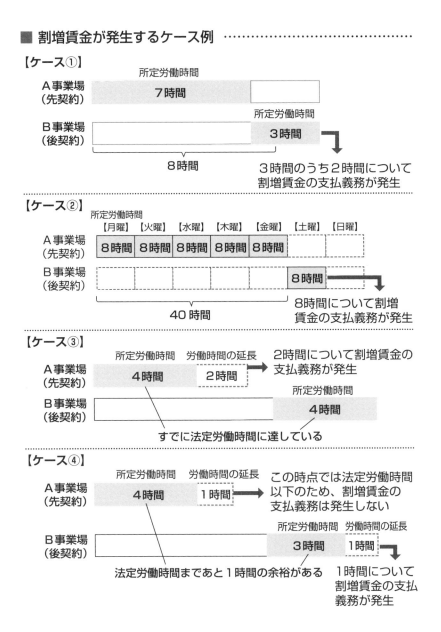

【ケース①】

A事業場（先契約）　所定労働時間　7時間

B事業場（後契約）　所定労働時間　3時間

8時間

3時間のうち2時間について割増賃金の支払義務が発生

【ケース②】

所定労働時間

A事業場（先契約）　【月曜】8時間　【火曜】8時間　【水曜】8時間　【木曜】8時間　【金曜】8時間　【土曜】　【日曜】

B事業場（後契約）　8時間

40時間

8時間について割増賃金の支払義務が発生

【ケース③】

A事業場（先契約）　所定労働時間　4時間　労働時間の延長　2時間

2時間について割増賃金の支払義務が発生

B事業場（後契約）　所定労働時間　4時間

すでに法定労働時間に達している

【ケース④】

A事業場（先契約）　所定労働時間　4時間　労働時間の延長　1時間

この時点では法定労働時間以下のため、割増賃金の支払義務は発生しない

B事業場（後契約）　所定労働時間　3時間　労働時間の延長　1時間

法定労働時間まであと1時間の余裕がある

1時間について割増賃金の支払義務が発生

どんな場合に副業・兼業先の雇用保険や社会保険に加入できるのでしょうか。

雇用保険は、本業の事業場で加入している場合は、副業・兼業先で加入することは原則としてできません。

　雇用保険の加入要件は、所定労働時間が20時間以上で継続して31日以上雇用見込みがある、ということです。しかし、雇用保険では、「同時に複数の事業主に雇用される場合には、生計を維持するのに必要な賃金を受ける雇用関係についてのみ被保険者となる」という要件があります。そのため、本業の事業場で雇用保険に加入している場合には、副業・兼業の事業場では雇用保険に加入できないということになります。

　また、本業のA社と副業・兼業のB社の両方とも週20時間以上の所定労働時間に満たない場合には、どちらの雇用保険にも入ることはできません。仮にA社を退職すると失業手当は支給されず、労働時間の短いB社においても十分な収入を得ることは難しいでしょう。このような所定労働時間が短い複数就業者は、失業に備えるための雇用保険の恩恵を受けることができません。

　そこで、令和4年1月からは、65歳以上の複数就業者について、①各就業先の1週間の所定労働時間が20時間未満であり、②全就業先の1週間の所定労働時間が合算で20時間以上の場合、労働者からの申出があれば、労働時間を合算して雇用保険を適用することができるようになりました（雇用保険マルチジョブホルダー制度）。ただし、労働

時間を合算できるのは2社までとされ、1社当たり1週間の所定労働時間が5時間以上でなければ合算の対象となりません。

まずは、65歳以上について2つ以上の事業場で働く複数就業者を対象とし、影響の程度を確認しながら、徐々に対象を拡大していしていく方向にあります。

●**社会保険と副業・兼業**

副業・兼業先で働く場合には、それぞれの事業所ごとに社会保険の加入要件に該当するかどうかを判断します。そのため、たとえ複数の事業所の労働時間を合算して要件を満たしたとしても、社会保険が適用されるわけではありません。

短時間労働者に社会保険が適用されるのは、正社員と比較し、1週間の労働時間と1か月の労働日数が4分の3となる場合か、1週間の労働時間または1か月の労働日数が4分の3未満である場合は、一定の条件を満たした場合です。

■ 副業・兼業と雇用保険の問題点 ……………………………………

ケース①

労働者	事業主A 30 時間	事業主B 10 時間

⇒本業である事業主Aで雇用保険に加入できる

ケース②

労働者	事業主A 15 時間	事業主B 10 時間

⇒どちらも週の所定労働時間が20時間未満のため
　雇用保険に加入できない

※法改正により令和4年1月から、ケース②の場合、労働者が65歳
　以上であれば、申し出ることで雇用保険に加入できるようになる

ただし、どちらかの事業所あるいは両方で役員等の立場にある場合には、社会保険に加入することになるため、次のような考え方で保険料を計算し、納付する必要があります。

　複数の事業所で勤める者が、それぞれの事業所で加入要件に該当した場合には、どちらかの事業所の所轄年金事務所と医療保険者を選択する必要があります（健康保険・厚生年金被保険者所属選択／二以上事業所勤務届を提出します）。標準報酬月額や保険料は、選択した年金事務所などで複数の事業所の報酬月額を合算して決定します。それぞれの事業所の事業主は、被保険者に支払う報酬額により按分した保険料を天引きし、選択した年金事務所などに納付します。具体的には、A社の報酬が25万円、B社の報酬が15万円であった場合には、選択した年金事務所で40万円の標準報酬月額を決定します。

　保険料が仮に72,000円とすると、A社は72,000×25/40=45,000円、B社は72,000×15/40=27,000円を労使折半でそれぞれ負担し、選択した年金事務所などに納付します。

■ 副業・兼業と社会保険 ………………………………………………

年金事務所　健康保険組合

主たる事業所を選択し届出をする

被保険者

A社とB社の報酬月額を合算し、被保険者に支払う報酬額により
保険料を按分する

A社
25万円

B社
15万円

副業、兼業時の所得税はどうすればよいでしょうか。

20万円以上の所得がある場合は、個人での確定申告が別途必要になります。

　副業・兼業によって20万円以上の所得がある場合には、本業の会社の年末調整ではなく、個人の確定申告が必要になるため注意が必要です。所得が20万円以上になるかどうかは、収入から要した経費を控除した額によって判断します。

　また、2か所以上から給与をもらっている人の源泉徴収についても注意が必要です。副業、兼業先は従たる給与という扱いになるため、副業、兼業先の給与の源泉徴収税額は、税額表の「乙欄」になります。勤めている会社の扶養控除申告書にその旨を記載し、提出するようにしましょう。

　副業・兼業先の収入が事業所得なのか、業務にかかる雑所得なのかについては、国税庁の「雑所得の範囲の取扱いに関する所得税基本通達の解説」によると、「その所得にかかる取引を記録した帳簿書類の保管がない場合には、業務にかかる雑所得に該当する」としています。ただし、その所得にかかる収入の金額が300万円を超えており、なおかつ事業所得と認められる事実がある場合には、事業所得として区分されることになります。

　なお、事業所得と認められない例として、①その所得の収入の金額がごく僅かだと認められる場合、②その所得を得る活動に、利益を得る目的が認められない場合には、事業と認められるかどうかを個別に判断されます。

副業・兼業と労災保険の関係について教えてください。

　複数事業労働者・複数業務要因による労災は、各事業場の賃金額の合算や、各事業場の業務負荷を総合的に評価されます。

　労災保険は、正社員・パート・アルバイトなどにかかわらず雇用されているすべての労働者が加入できます。そして、業務中や通勤時に被った負傷、疾病、障害、死亡に対して必要な給付を受けることができます。ただし、本業と副業・兼業のように複数の事業場で働く労働者については次のような問題があり、副業・兼業促進の妨げとなっていました。そこで、労災保険の改正が令和2年9月に行われ、見直しが行われました。

① 複数事業労働者が業務中に被災した場合の給付額

　これまで、複数事業労働者がA社で10万円、B社で7万円の賃金（平均賃金）を支給されていたケースで、B社で業務災害にあった場合、給付額はB社（災害発生事業場）で得ていた7万円を基に給付基礎日額が計算されていました。

　現在では、A社とB社の賃金の合計額17万円を基に給付基礎日額が算定されることになります。なお、日給や時給の場合には、給付基礎日額の原則の計算方法の他に、賃金が低くなりすぎないように最低保証の賃金額（最低保証平均賃金）を計算することがありますが、合算する場合には、この最低保証平均賃金を原則適用しません。

② 複数事業労働者が通勤中に被災した場合の給付額

複数事業労働者が通勤中に被災した場合でも、①と同様、両方の使用者から支払われる賃金の合計を基に保険給付額が算定されます。

③　複数業務要因による災害

　脳・心臓疾患や精神障害などの疾病は、複数の事業で働く労働者がいずれかの事業場の要因で発症したかがわかりにくい労働災害です。これまで、精神障害や脳・心臓疾患の労災認定においては労働時間の通算は行わず、労災認定の基準時間となる160時間や100時間という時間外労働もそれぞれの就業場所ごとで判断することになっていました。つまり、A社とB社で通算して160時間や100時間を超えていたとしても、それぞれの会社で超えていない場合には労災認定がされない可能性がありました。

　現在では、A社とB社の時間外労働やストレスなどの業務負荷を総合的に評価して労災認定を行います。このように労災認定された災害を「複数業務要因災害」といいます。

●保険料はどのように算定するのか

　労災保険料は、保険給付の実績額に基づいて算定されます。たとえば、労災発生が多い事業場は保険料が高く、労災発生が少ない事業場は保険料が低くなります（メリット制）。

　法改正によって、非災害発生事業場の分も合算した賃金額をベースに労災給付がなされますが、非災害発生事業場にとっては努力しても防ぎようのない労災であるため、非災害発生事業場の次年度以降の保険料には反映させないものとしています。

●どんな保険給付が設けられるのか

　新たに賃金額の合算と業務負荷の総合評価が導入されたことにより、保険給付にも①複数事業労働者休業給付、②複数事業労働者療養給付、③複数事業労働者障害給付、④複数事業労働者遺族給付、⑤複数事業労働者葬祭給付、⑥複数事業労働者傷病年金、⑦複数事業労働者介護給付、といった給付が創設されました。

●どのように申請するのか

　複数業務要因災害に関する保険給付が創設されたため、「業務災害用」の様式が、「業務災害用・複数業務要因災害用」の様式に変更されました。業務災害と複数業務要因災害に関する保険給付の請求は同時に行います。複数業務要因災害にあたらない場合は、従来通り、業務災害として労災認定されます。

　様式の具体的な変更点は、「その他就業先の有無」を記載する欄が新たに設けられたことです。記載事項は、「複数就業先の有無」「複数就業先の事業者数」「労働保険番号（特別加入）」「特別加入の加入状況」です。なお、「その他就業先の有無」の欄が未記入だと、複数業務要因災害とみなされなくなるので注意が必要です。

　脳・心臓疾患や精神障害などの疾病は、どちらの事業場が原因か判断がつきにくいため、主に負荷があったと感じる事業場の事業主から証明をもらい提出します。また、請求書の提出先についても、主に負荷があったと感じる事業場を管轄する労働基準監督署に提出します。

　様式は、厚生労働省のホームページからダウンロードできます。

https://www.mhlw.go.jp/bunya/roudoukijun/rousaihoken06/03.htm

■ 給付額の算定の基となる賃金の考え方 …………………………

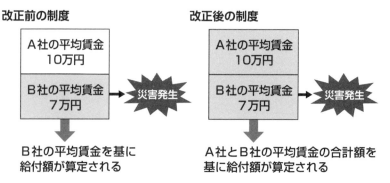

改正前の制度

A社の平均賃金
10万円

B社の平均賃金
7万円

災害発生

B社の平均賃金を基に
給付額が算定される

改正後の制度

A社の平均賃金
10万円

B社の平均賃金
7万円

災害発生

A社とB社の平均賃金の合計額を
基に給付額が算定される

第7章

請負・派遣の
トラブルと解決法

派遣先の部署の居心地がよく、今後も継続して同じ派遣先で働きたいのですが、認めてもらえるのでしょうか。

同じ部や課で、同じ派遣労働者を継続して3年を超えて働かせることはできません。

　労働者派遣法は「個人単位」と「事業所単位」での派遣期間を制限する制度を設けています。違反をした場合は、罰則が設けられています。個人単位での期間制限とは、同じ組織（部や課など）で、同じ派遣労働者を継続して3年を超えて働かせてはいけない、ということです。派遣先が派遣労働者の働きぶりを評価し、継続勤務を希望する場合は、3年目以降は派遣元を通さず直接の雇用に切り替える、違う組織（部や課）へ異動しての派遣に変更する、無期雇用派遣に変更するなどの措置が必要です。事業所単位での期間制限とは、派遣先の同じ事業所（場所が同じなど）で、派遣労働者を継続して3年を超えて働かせてはいけない、ということです。同じ事業所での継続勤務を希望する場合は、リミットである3年を迎える前（1か月前）までに過半数労働組合等から意見を聴くことが必要です。継続して受け入れることが了承されれば、期間の延長（3年以内）が認められます。

　個人単位・事業所単位での期間制限制度は、ともに有期雇用の派遣労働者を対象とするものです。期間の定めのない無期雇用の派遣労働者は期間制限制度の対象外になります。また、以下のようなケースについても期間制限制度の対象から外れています。

・事業開始や廃止などに伴う有期業務
・1か月に10日以下の日数限定業務

・育児・介護で休業する社員の代替要員

・派遣労働者が、新たな雇用を確保することが難しい場合（60歳以上）

●別の部署であれば3年の期間制限の影響は受けないのか

　「3年」の期間制限は、派遣労働者が別の部署へ異動した場合は影響を受けることはありません。総務部→経理部→総務部、というように、3年ごとに部署を変えさえすれば、再び同じ部署に戻すこともできます。さらに、3年ごとに派遣労働者を入れ替えれば、同じ部署で継続して働かせることも可能です。

　また、派遣元企業と期間の定めがない「無期雇用契約」を結んでいる派遣労働者の場合は、もともと無期雇用という安定した雇用の下で働いていることから派遣期間に制限がありません。そのため、無期雇用契約を結んでいる派遣労働者を受け入れる場合は、同じ部署でも別の部署でも3年を超えて働かせることが可能です。

■ 個人単位の期間制限 ……………………………………………

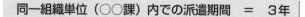

同一組織単位（○○課）内での派遣期間　＝　3年

派遣労働者
3年 ✕ ・原則は業種を問わず就労は ✕
・同一組織単位内での異動も ✕

3年 組織単位を異動しての就労は○

※同じ事業所内の場合は過半数組合などの
意見聴取が必要（事業所単位の期間制限
の3年に達する場合）

【派遣元が派遣労働者に対して行うべき雇用安定措置】
①派遣先に直接雇用を促す　②新たな派遣の場を提供する
③派遣元での無期雇用を約束する　④上記以外の雇用安定措置

Question 2

派遣契約で契約した業務内容そのものではないのですが、当該業務に付随する業務を派遣労働者に行わせることは可能でしょうか。

すべての業務の明示は難しいため、契約書にトラブル発生時の対処法を明示します。

労働者派遣契約は、派遣元と派遣先の間で、「基本契約書」と「個別契約書」という2種類の契約書を交わすことで成立します。その上で、派遣元が派遣労働者に業務の詳細を記載した「就業条件明示書」を明示することで、実際に派遣業務が行われます。

派遣契約の具体的な内容としては、まず、基本契約書で派遣契約にまつわる内容を定めます。次に、個別契約書により派遣人数や派遣先の部署、就業時間や休憩時間などを定めます。

派遣労働者が行う業務の内容についても、この個別契約書で定めることになりますが、中には線引きが難しい業務や、派遣先と労働者が行う判断にズレが生じ、トラブルの原因になる場合があります。

こうした場合に備え、基本契約書ではトラブルの対処方法を、個別契約書では苦情の受付先や対処方法についての定めを行うことになっています。実際に業務内容に関するトラブルが生じた場合は、契約書の内容にのっとり、最終的には三者の話し合いなどで結論を出すことになります。

業務内容については、事前にすべての内容を取り決めることは実質的に不可能ですので、派遣元と派遣先が連携し、派遣労働者が気持ちよく仕事ができるような環境づくりを心がけることが大切です。

Question 3 登録している派遣会社から紹介された派遣先で仕事を始めましたが、派遣会社で聞いた内容と違う勤務体系で仕事をするよう指示されました。従わなければならないのでしょうか。

契約内容と全く違う勤務を命じられた場合、派遣先の指示に従う必要はありません。

　派遣労働者は、派遣会社と業務内容などの労働条件の取り決めをします。残業や休憩時間なども労働条件に含まれますが、派遣会社との間での取り決めが、派遣先の会社との間でも適用されるのかが問題になります。

　まず、残業と休日出勤についてですが、法律上、時間外勤務や休日勤務を命令するのは派遣先です。ただしその場合、派遣会社（派遣元）と派遣社員を含む労働者との間に、時間外勤務や休日勤務に関する労使協定を結んでいなければなりません。ですから、派遣元との間の労使協定がない場合は派遣先からの時間外勤務や休日勤務の命令に従う必要はありません。

　次に、年次有給休暇（年休）と休憩についてですが、年休については派遣元、休憩については派遣先と法律上定められています。そのため、休憩の取り方については派遣先に問い合わせることになります。そして年休については派遣元に申し出て、派遣元から派遣先に連絡してもらいます。労働者が申し出た日に年休を与えることで業務に支障があるとして他の日に年休を取るように求める時季変更権の行使は派遣元だけができることです。ですから、派遣先が年休を取ることを拒否することはできません。

　最後に契約外の業務についてです。これについては、たとえば「コ

ピー取り」や「お茶入れ」などの業務が派遣契約の内容から読み取れない場合に、行うように指示されたとしても、従う必要はありません。ただ、派遣適用対象業務に関連する業務として必要だと認められる業務もあります。

　労働者派遣契約を結ぶ際には、派遣労働者の苦情の申出を受ける者、派遣元事業主において苦情の処理を行う方法、派遣元事業主と派遣先との連携のための体制といった事項を定めるものとされていますので、書面の記載事項と労働の実態が大きく異なっている場合には、まず苦情の受付窓口や派遣元の責任者に相談するのが得策です。

　なお、派遣元企業は事業所ごとに、派遣労働者の数、派遣先の数、マージン率（派遣料金の中で、派遣元の事業主が手数料として受け取る金銭の割合）、教育訓練に関すること、労働者派遣に関する料金の平均額などの情報を提供することが義務付けられています。派遣で働くときにはこれらの情報を確認して派遣元企業を選ぶようにするとよいでしょう。

■ 派遣労働者に対する就業条件の明示 ……………………………

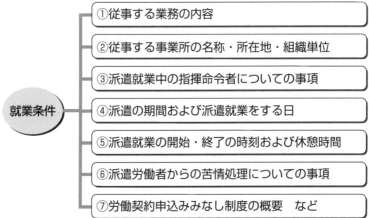

就業条件

①従事する業務の内容

②従事する事業所の名称・所在地・組織単位

③派遣就業中の指揮命令者についての事項

④派遣の期間および派遣就業をする日

⑤派遣就業の開始・終了の時刻および休憩時間

⑥派遣労働者からの苦情処理についての事項

⑦労働契約申込みみなし制度の概要　など

短期（日雇い）派遣が例外的に認められている業種にはどんなものがあるのでしょうか。

専門性の高い業種や、短期派遣を認めた方が雇用の確保が可能と判断されるものです。

　日雇い派遣（短期派遣）とは、派遣先での労働期間が30日以内のケースをいいます。たとえ派遣期間が30日を超えていても、実際の労働期間が30日以内であれば、日雇い派遣にあたります。ただし、労働期間が30日を超え、その間に複数の短期業務を行う場合は、日雇い派遣にはあたりません。

　労働者派遣法では、30日以内の期間雇用である日雇い派遣は禁止されています。日雇い派遣は短期間業務のため、労働者が安心して働く環境づくりが満足にできず、労働災害につながるケースがあるためです。また、日雇い派遣などの短期派遣の場合、派遣会社にとっても雇うたびに一から会社のルールや具体的な業務内容を教えるため時間がかかるという問題があります。

●日雇派遣が認められているケース

　ただし、専門的な知識や技術を要する一部の業務は、例外として日雇い派遣が認められています。たとえば、コンピュータシステムプログラム設計や通訳、デザイナーなどの19業務については、日雇い派遣が認められています。これらは主に専門知識や技術、培った経験などの高いスキルが必要で、企業からの需要が高いとされる業種です。そのため、不安定な雇用形態である日雇い派遣を認めたとしても、その派遣労働者が路頭に迷う可能性が低いと考えられることから、例外と

して認められています。

　また、60歳以上の高齢者や学生アルバイト、副業としての派遣労働者、同居親族の収入で生活をする人などにも例外として日雇い派遣が認められています。高齢者の場合は、働き盛り世代に比べて仕事に就ける可能性が低いことから、日雇い派遣の縛りを設けない方が効果的だと考えられます。

　学生アルバイトや副業、同居親族の収入で生活する人については、通常の労働者よりも就業日数や時間が短いことが多いため、高齢者と同じく縛りを設けない方が効果的という理由から、例外が認められています。

■ 日雇派遣が許されるケース ·······················

業務内容（19種）

ソフトウェア開発	調査	研究開発
機械設計	財務処理	事業の実施体制の企画、立案
事務用機器操作	取引文書作成	書籍等の制作・編集
通訳、翻訳、速記	広告デザイン	デモンストレーション
秘書	添乗	OAインストラクション
ファイリング	受付・案内	セールスエンジニアの営業、金融商品の営業
看護師（へき地の医療機関・社会福祉施設等）		

労働者側の事情

労働者が60歳以上である	労働者が学生である
副業として日雇派遣を行う場合	労働者が主たる生計者ではない

正社員雇用すると人件費を圧迫するので、弊社の関連会社である人材会社で雇用した上で派遣社員として勤務してもらう予定ですが、注意点はありますか。

離職後１年以内の派遣禁止や、グループ企業派遣の８割規制に注意しましょう。

　グループ企業への派遣とは、親会社への派遣目的で作られた子会社である派遣会社から、親会社への派遣を行うことをいいます。

　派遣元が、意図的に特定の会社に限定して労働者の派遣を行うことは「専ら派遣」と呼ばれ、派遣法により禁止されています。子会社である派遣会社が特定の親会社へ派遣を行う行為は「専ら派遣」といえますが、同時に派遣労働者に安定した雇用機会を与えているともいえます。なお、派遣社員は、直接雇用の社員と比べて、一般に雇用条件が低下していることが多いため、本来直接雇用とされるべき労働者が、派遣社員として扱われることで、不当に労働条件が切り下げられることを防ぐために、離職後１年以内の人を、原則として元の勤務先に派遣することはできません。

　グループ企業への派遣については、親会社への派遣の割合を派遣全体の８割以下にする必要があります。派遣会社がグループ企業に大量の社員を派遣してしまうと、労働力の需給調整という本来派遣会社が果たすべき役割が機能しないおそれがあるために８割規制が置かれています。また、子会社である派遣会社は、１年に一度、親会社での派遣割合を厚生労働大臣へ報告しなければなりません。厚生労働大臣は、その報告内容に応じて指導や助言を行います。

派遣社員としてであれば役立ちそうな従業員がいるのですが、リストラした従業員を派遣社員として受け入れることは可能でしょうか。

離職後1年以内の元従業員を派遣社員として勤務させることはできません。

　派遣会社が、離職して1年以内の元従業員を派遣労働者として離職先に派遣することは禁止されています。また、同時に派遣先も、離職して1年以内の元従業員を派遣労働者として働かせることが禁止されています。

　これは、直接雇用していた従業員（正社員や契約社員など）を派遣社員に置き換えることによって、その従業員の労働条件が切り下げられてしまうことを防止するためのルールです。離職直後の元従業員を派遣社員として受け入れることができてしまうと、同じ従業員を、期間を空けずに正社員から派遣労働者に転換させることが可能になります。このような従業員の意思に反した労働条件の低下を防ぐために、離職した元従業員の受入れに制限が設けられているわけです。

　したがって、今回のようにリストラした従業員を派遣社員として受け入れる場合には、離職から1年を超えた期間が経過していることが必要になります。

　ただし、例外として、60歳以上で定年退職した人の場合は、離職後1年以内であっても、元の職場において派遣労働者として働くことが可能になっています。また、派遣先が、離職して1年以内の元従業員とは知らずに派遣労働者として働かせていることに気づいた場合は、その時点で派遣会社に知らせる義務があります。

派遣労働者の安全衛生管理について派遣先企業が行う届出や手続きもあるのでしょうか。

派遣先は派遣労働者の就業に伴う安全・衛生管理について責任を負います。

　派遣先企業は、派遣労働者に対し直接指揮命令を行い、また労務提供の管理を行っていることから、派遣労働者が円滑に業務を遂行できるよう、セクシャルハラスメントやパワーハラスメントの防止など、快適な就業環境を確保するよう努める必要があります。

　また、派遣先企業は派遣労働者の就業に伴う安全管理および衛生管理について事業者責任を負うことになります。そのため、派遣先企業は、安全衛生管理体制の整備や派遣労働者の健康を確保するための措置、安全衛生教育の実施等を行わなければなりません。

　派遣先での就業状況に応じて労働保険や社会保険に加入させる義務は派遣会社（派遣元）の仕事ですが、派遣先企業は受け入れる派遣労働者について、労働保険・社会保険への加入が適切になされているかを確認する必要があります。労働保険・社会保険の加入を必要とする労働条件で派遣労働者を受け入れる場合に、当該派遣労働者が、正当な理由なく保険に加入していないときには、派遣会社に対し保険へ加入するよう求めたり、あるいは保険に加入している派遣労働者と交代するよう求める必要があります。

　派遣社員が派遣先で就業中に労災事故にあった場合、派遣元企業の下で労災保険の給付を受けますが、派遣元だけでなく派遣先企業も死傷病報告を労働基準監督署に提出することになります。

派遣労働者が作業内容について不服を申し入れてきました。派遣会社の方で対応してもらえると助かるのですが。

派遣先は苦情の申出に対し、誠意をもって、適切に処理しなければなりません。

　労働者派遣法は、派遣先企業は派遣労働者から苦情の申出があった場合には、その内容を派遣会社に通知するとともに、派遣会社と連携をとりながら、誠意をもって、適切かつ迅速に処理しなければならないと規定しています。この他にも苦情の処理に関して、派遣先企業には下記の4つの対応が求められています。

① 派遣会社と締結する労働者派遣契約書には、苦情の申出を受ける者の氏名の他、苦情の処理方法についても記載しなければならないとされています。

② 派遣労働者の受入れに際し、説明会等を実施して、苦情の申出を受ける者や苦情処理の方法、派遣会社との連絡体制などを派遣労働者に説明しなければならないとされています。

③ 事後の対応として、苦情を申し出たことを理由にその派遣労働者に対し不利益な取扱いをすることは禁じられています。不利益な取扱いとは、仕事量を増やしたり、派遣労働者の交代を派遣会社に求めたり、あるいは合理的理由もなく休日出勤を命じたりすること、などが該当します。

④ 苦情の申出があった場合には、申出を受けた年月日、苦情の内容および処理状況等を派遣先管理台帳に記載するとともに、その内容を派遣会社に通知しなければなりません。

受け入れた派遣社員の契約を途中で解除する場合にはどうしたらよいのでしょうか。

派遣元企業の合意を得て、相当の猶予期間を置いて、派遣元に解除の申入れを行うことになります。

　派遣先企業の都合により契約期間満了前に派遣契約を解除する場合、派遣先企業は派遣元企業の合意を得るとともに、相当の猶予期間を置いてあらかじめ派遣元企業に解除の申入れを行う必要があります。また、関連会社などで派遣社員が働けるように手配するなど、派遣社員が新たに働ける機会を提供できるように努力しなければなりません。

　派遣社員の新たな就業機会を確保できない場合には、派遣契約の解除を行う予定の日の30日以上前に解除の予告を行わなければなりません。予告を行わずに解除をする場合には、派遣先企業は派遣元企業に対して、派遣社員が実際に30日働いた場合の賃金に相当する金額の損害賠償を支払わなければなりません。また、解除の予告を行った日から解除を行う予定となる日までの期間が30日未満の場合には、派遣先企業は派遣元企業に対して30日に足りない日数分の賃金に相当する金額の損害賠償を支払うことになります。この30日という期間は最低限必要とされる日数なので、その他の事情から派遣元企業が30日分以上の損害賠償を請求することもあります。

　なお、解除を行って、その理由を派遣元企業から問われた場合には、派遣先企業はその理由を明らかにしなければなりません。

●解除の制限

　中途解除にあたり、注意しなければならない点として、そもそも解除が認められない場合があります。派遣社員の国籍や信条（特定の宗教的な信念あるいは政治的な信念）、性別、社会的身分（生来的な地位）、派遣社員が労働組合の正当な行為（団体交渉や正当な争議行為などの他、労働組合の会議に出席する行為、決議に参加する行為、労働組合の活動のために出張する行為など）を行ったこと、などを理由とする解除は禁止されています。この他、人種や門地、婚姻や妊娠出産、心身の障害、派遣社員が派遣先に苦情を申し出たこと、などを理由とする解除も禁止されています。

　また、派遣先企業が違法行為を行っていた場合に、そのことを派遣社員が関係する行政機関に申告しても、派遣先企業がそれを理由に派遣契約を解除することは許されません。

■ 派遣契約を途中で解除する場合の注意点 ……………………

1	その解除が真にやむを得ず、正当なものかを十分に検討すること
2	あらかじめ相当の猶予期間をもって、派遣元に解除の申出を行い、合意を得ること
3	派遣先の関連会社での就業をあっせんするなど、その派遣労働者の新たな就業の機会の確保を図ること
4	派遣先都合での（派遣先の責めに帰すべき事由による）労働者派遣契約の解除に伴い、派遣元が派遣労働者を休業させる場合は、休業手当相当額以上の額を派遣元に支払う （解除に伴い、派遣元がやむを得ない事由で派遣労働者を解雇する場合は、たとえば、相当の猶予期間がない解除の申入れにより派遣元が解雇予告をしないときは、30日分以上の賃金相当額以上の額を派遣元に支払う）
5	労働者派遣契約の解除につき、派遣先と派遣元の双方の責めに帰すべき事由がある場合は、派遣先と派遣元のそれぞれの責めに帰すべき部分の割合についても十分に考慮すること

派遣社員の能力に問題がある場合にはどうしたらよいのでしょうか。

派遣元に対して派遣社員の交代を求めるなどの対応を要求します。

労働者派遣の場合、派遣元企業の方で派遣先企業が求める能力を有する派遣社員を選ぶため、想定していた労働力に満たない者が派遣されることもあります。

派遣元企業は、労働者派遣契約で派遣先企業が求める労働力を提供する義務を負っています。そのため、派遣社員の能力が派遣元企業の求める労働力に明らかに満たない場合、派遣先企業は派遣元企業に対して派遣社員の交代を求めるなどの対応をとることができます。

派遣社員の交代や契約の解除などを避けるためには、派遣契約を結ぶ段階で、派遣社員が従事する業務内容と求められる能力について、なるべく詳しく、具体的に示すことが重要です。さらに、実際に派遣社員の能力が派遣契約で定めた業務内容と求められる能力に及ばなかった場合をあらかじめ考えておいて、派遣先企業と派遣元企業の間で対処法を具体的に話し合っておくことも必要です。

なお、提供される労働力についての記載が抽象的であった場合には、派遣社員の交代の請求、解除などの措置がとれない場合もあるため、派遣社員の交代要請や解除を行う場合について、具体的に契約書に明記するとよいでしょう。

11 **Question**

派遣先責任者はどんな仕事をしなければならないのでしょうか。

Answer 必要事項の通知・連絡調整・派遣先管理台帳の作成といった仕事を行います。

　派遣労働者員を受け入れる場合、派遣先は派遣先責任者を選任しなければなりません。派遣先責任者には、労働関係の法令等の知識、人事面や労務管理などの専門知識や経験を持つ人を選任する必要があります。また、派遣労働者の仕事に関してある程度の決定や変更を行う権限を持つ人を選任することで、派遣先責任者が仕事を的確に行えるようにしなければなりません。

　派遣先責任者は、自社で雇用する社員の中から選任します。派遣先責任者の数は、受け入れる派遣労働者の数に比例して配置する必要があります。具体的には、派遣労働者数が1～100人ごとに1人の割合です。

　なお、派遣労働者の担当業務が、通常業務に比べ危険度の増す製造業務の場合には、原則として、通常の派遣先責任者とは別に、製造業務専門派遣先責任者を配置しなければなりません。ただし、製造業務を行う派遣労働者が50人未満の場合には、専門の責任者を配置する必要はありません。

●どのようなことを行うのか

　派遣先責任者は、以下の業務を行う必要があります。派遣労働者が安心して働けるよう、派遣先の担当者や派遣会社と連携して行います。

・派遣労働者を指揮命令する地位にある者や派遣労働者の就業に関係

するすべての労働者に対し、派遣労働者の氏名、性別、労働者派遣に関する法令、派遣契約の内容などを通知

・派遣労働者の受入期間の変更通知

・派遣先管理台帳の作成・記録・保存

・派遣先管理台帳記載事項の通知

・派遣労働者からの苦情への対処

・派遣労働者の安全衛生に関する連絡調整

　たとえば、安全衛生については、健康診断の実施時期・場所・内容などについて、安全衛生に関する業務の統括者や派遣元責任者との連絡調整を行います。

　その他、派遣元責任者との間で派遣労働者の受入れに関する事項の連絡調整を行い、問題が起きた場合には協力して解決しなければなりません。

■ 派遣先責任者の仕事 ……………………………………………

1	次の事項を派遣労働者の業務の遂行を指揮命令する者等に周知させること ① 労働者派遣法等 ② 労働者派遣契約の定め ③ 派遣労働者の氏名、健康保険被保険者資格取得確認等
2	労働者派遣契約の締結後に派遣期間を定めまたは変更したときに、派遣元事業主に対し、派遣可能期間に抵触することとなる最初の日を通知すること、および派遣先管理台帳に関すること
3	派遣労働者から申出を受けた苦情処理にあたること
4	派遣労働者の安全および衛生に関し、事業所の労働者の安全および衛生に関する業務を統括管理する者および派遣元事業主との連絡調整を行うこと
5	派遣元事業主との連絡調整に関すること

派遣先管理台帳にはどんなことを記載するのでしょうか。

氏名や雇用期間、就業日・始業就業時間・業務の種類などの情報が記載されます。

　派遣先は、事業所ごとに派遣先管理台帳を作成し、必要事項を派遣労働者ごとに記載しなければなりません。派遣先管理台帳には、主に以下の内容を記載します。

・雇用期間（有期雇用・無期雇用）
・派遣期間制限の対象かどうか
・派遣労働者の氏名
・派遣会社の名称と事業所の名称・所在地
・派遣労働者の情報（就業日・就業日ごとの始業・終業・休憩時間・業務の種類・苦情の処理状況、教育訓練状況）
・派遣先責任者・派遣元責任者に関する内容
・派遣労働者の労働・社会保険の被保険者資格取得届の提出の有無（「無」の場合は、その具体的な理由）

　また、紹介予定派遣の場合には、紹介予定派遣に関することを記載し、派遣受入期間の制限がない業務の場合には、その業務の種類（号番号をふられている業務については、その番号）を明示します。

　作成した派遣先管理台帳は、派遣労働者の派遣就業終了日から３年間保存します。

紹介予定派遣を利用して1年程度業務状況を見極めてから採否を判断することも可能でしょうか。

期間は6か月以内ですので、「1年」の期間は不適切だといえるでしょう。

　紹介予定派遣はその名の通り、派遣社員がいずれ社員として雇用されることを予定して派遣が行われます。紹介予定派遣は、応募者の提出した履歴書や職務経歴書、実施した試験の結果や面接をもとに採用を決めるしかない通常の求人と異なり、採用候補者が実際に働いているところを見て判断することができるという点で派遣先企業にとってメリットがあるということができます。

　紹介予定派遣の場合、派遣元企業が行う業務は、主に労働者派遣と職業紹介の2つです。通常の派遣業務、つまり労働者派遣だけを行う場合は、通常の労働者派遣事業の許可があれば行うことが可能ですが、紹介予定派遣の場合には、職業紹介という業務内容が含まれます。職業紹介とは、派遣元企業が派遣先企業と派遣社員に対し、派遣期間中もしくは期間終了時に、求人条件の明示や求人・求職の意思確認や採用を決定通知する業務のことです。

　つまり、紹介予定派遣は有料職業紹介（有料職業紹介事業者が、求職者と求人を行う企業との間に立ち、雇用関係の締結をあっせんする事業）の1つの形態ということになります。有料職業紹介事業は原則として職業安定法で禁止されており、行う場合は厚生労働大臣の許可が必要です。したがって、派遣元企業が紹介予定派遣を行う場合は、「労働者派遣事業」に加え「有料職業紹介事業」の許可も必要になります。

また、紹介予定派遣の対象となる業務は、通常の派遣業務と同様、除外されている業務については原則として行うことができません。ただし、医療業務については例外です。医療業務に関しては、通常の労働者派遣の場合には細かい制限がありますが、紹介予定派遣の場合には派遣が認められています。

●紹介予定派遣の期間

　紹介予定派遣の期間については、厚生労働省が出している指針で６か月を超えて同じ派遣社員の労働者派遣を行わないよう示されています。また、派遣先企業、派遣元企業、派遣社員の三者間で合意があった場合には、派遣就業期間を短縮して派遣先企業と派遣社員との間で雇用契約を結ぶことができます。

　なお、紹介予定派遣として就業する期間は、「通常の試用期間の役割を果たしている」といえるため、紹介予定派遣を経て雇用された社員（元紹介予定派遣社員）に対しては、別途試用期間を設けることができません。

■ 紹介予定派遣のしくみ ………………………………………………

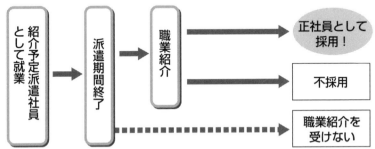

Question 14

紹介予定派遣では、事前の情報収集はどの程度許されますか。想定外にスキルが低く拒否する場合、どんな手続きが必要でしょうか。

試験や調査も可能です。雇用しない場合、理由の明示が必要になることがあります。

通常の労働者派遣の場合には、派遣先企業が派遣社員の候補者を特定することを目的とする行為や特定することが禁じられています。これに対して、紹介予定派遣は社員として雇用することを前提として行われるため、通常の求人と同様に紹介予定派遣社員についての情報についての収集をすることができます。履歴書の送付や事前面接の設定の他、実際の業務を遂行するのに必要な能力が備わっているかを調べる試験や、業務遂行に関連する資格の有無についての問い合わせなども、社会通念上、公正と認められる程度に客観的な基準に基づいて行われる場合は問題ありません。

実際に派遣期間を終えたときに、派遣先企業がその紹介予定派遣社員の雇用を希望しないケースも時にはあります。このような場合、派遣先企業は、①その紹介予定派遣社員を雇用しない、②派遣元企業に職業紹介の拒否、などの措置をとることができます。派遣先企業が職業紹介または雇用を拒否した場合で、派遣されていた社員がその理由の明示を求めたときには、派遣元企業から派遣先企業に対して理由を明示するように求めることができます。

この場合の明示は、書面、FAXまたはメールなどを利用して通知します。派遣元企業は、派遣先企業から通知された理由を紹介予定派遣社員であった者に対して明示しなければなりません。

15 違法派遣と労働契約申込み みなし制度について教えて ください。

一定の違法な形態の派遣を行っていると労働契約の申込みをしたとみなされます。

　労働契約申込みみなし制度（みなし雇用制度）とは、派遣先が労働者派遣法の一部の規制に違反していると知りながらまたは過失によって知らずに派遣労働者を受け入れていた場合、その派遣先は、派遣労働者に対して自動的に直接雇用契約をしたことになる制度です。

　みなし雇用制度については、派遣労働者に対して就業規則の明示を行う際に、明示する必要があります。具体的に「みなし雇用制度」の対象となる派遣先の違法行為は、ⓐ派遣先が派遣労働者を派遣禁止業務に従事させた場合、ⓑ無許可または無届出の派遣元事業主から派遣労働者の派遣を受けた場合、ⓒ派遣先が派遣期間の上限を超えて労働者派遣を受けていた場合、ⓓ派遣先が労働者派遣以外の名目で、偽装した契約を締結していた場合の4つです。

　労働者派遣法で定められた上記の行為に違反して派遣労働者を業務させた時点で、派遣先と派遣労働者が直接契約をしているとみなされます。労働契約の申込みをしたとみなされた派遣先は、この申込みを1年間撤回することはできません。派遣労働者が、この1年の間に労働契約の申込みに対する承諾をすれば、派遣先の企業と派遣労働者との間で労働契約が成立します。ただし、派遣労働者の承諾の意思表示がなかった場合は、「みなし雇用制度」の効力はなくなり、申込みをしたとみなされる派遣労働者の労働条件は、みなされた時点の労働条

件がそのまま適用されます。

　なお、「みなし雇用制度」については、期間制限の対象外とされていた専門26業務の廃止により、制度自体が事実上の骨抜き状態であるという懸念の声も聞かれています。

　これまでは、専門26業務として派遣労働者を受け入れれば、期間制限なく派遣扱いで働かせることが可能でした。したがって、専門26業務に該当する業務に従事するために受け入れられた派遣労働者が、専門外の業務に従事しながら期間制限なく働くというケースが見られ、問題視されていました。

　みなし雇用制度が適用された場合、上限を超えた期間の派遣労働は違法とされ、期間制限なく業務に従事していた派遣労働者には正規労働者への道が開けるはずでした。ところが、期間制限の対象外とされていた専門26業務自体が廃止されたことでみなし雇用制度が適用されず、本来の救済目的であった「期間の定めなく専門外業務に携わる専門26業務派遣労働者」を助けることができなくなりました。骨抜き状態であるといういわれは、このような経緯からきています。

●厚生労働大臣の助言・指導・勧告

　厚生労働大臣は、派遣先や派遣労働者が求めた場合、派遣先の行為が「労働契約の申込みとみなされる行為」に該当するかどうかの助言をすることができます。

　また、この制度に該当し、みなし申込みに承諾をした派遣労働者を派遣先が就労させない場合には、厚生労働大臣は派遣先に対して、派遣労働者の就労に関する助言や指導、または勧告を行うことができます。さらに、厚生労働大臣が、派遣労働者を就労させるように勧告したにもかかわらず、派遣先の企業がその労働者を就労させない場合には、その旨を公表することができます。

発注会社の指揮・命令を受ける請負契約も認められるのでしょうか。

 発注会社の指揮・命令を受ける請負は偽装請負であり、責任を問われます。

　適法な請負となるためには、労働者の管理は注文者側の企業ではなく請負人側の企業が行わなければなりません。労働者の始業時刻、終業時刻、休憩時間の管理なども、注文者側の企業ではなく請負人側の企業が行う必要があります。また、適法な請負となるためには、業務を行う上での資金や業務に必要な機械、設備なども注文者側の企業ではなく請負人側の企業が用意する必要があります。つまり、適法な請負と認められるためには、請負人側の企業が独立して業務を行うことが必要です。請負人側の企業が注文者側の企業に労働者を派遣して、労働者が注文者側の企業の指揮命令に服しているという状況では、請負人側の企業が独立して業務を行っているとはいえず、請負契約とはいえません。

　このように、実際には発注者側の企業が請負人側の企業の労働者を指揮監督するという労働者派遣に該当する行為が行われているものの、発注者側の企業と請負人側の企業との間で請負契約が締結されているケースを偽装請負といいます。労働者派遣法の規制を受けないようにするために、請負という形式をとって労働者を受け入れる企業があり、問題となることがあります。偽造請負を行った場合、請負人側、発注者側も責任を問われることになります。

第8章

就業規則・規程・社会保険・労働保険のしくみと手続き

パートタイマーと就業規則

就業規則とは

　就業規則とは、会社内でのルールを定めた書面です。労働時間や賃金、休日などについての事項を、労働基準法に沿った内容で会社ごとに定めます。使用者と労働者が互いに就業規則の内容を理解し、遵守することで、ムダなトラブルを避け、会社の運営がスムーズになります。労働基準法89条には、常時10人以上の労働者（パート・アルバイトを含む）を使用する使用者は、一定の項目を定めた就業規則を作成し、その事業所の住所地を管轄する労働基準監督署長に届け出なければならないと定めています。就業規則に定めることが義務付けられている項目は、次のようなものです。

① 始業および終業の時刻、休憩時間、休日、休暇などに関する事項
② 賃金の決定、計算および支払いの方法、昇給などの事項
③ 退職・解雇に関する事項
④ 退職手当の定めをする場合、適用される労働者の範囲などに関する事項
⑤ 臨時の賃金等および最低賃金の定めをする場合、それに関する事項
⑥ 労働者の食費、作業用品などの負担について定める場合、それに関する事項
⑦ 安全および衛生について定める場合、それに関する事項
⑧ 職業訓練について定める場合、それに関する事項
⑨ 災害補償および業務外の傷病扶助について定める場合、それに関する事項
⑩ 表彰および制裁の定めをする場合、その種類および程度に関する事項

　①～⑩の必須事項に加えて、各事業所独自の項目を定めることがで

きます。就業規則の内容については、原則として事業所が自由に定めることができ、法に優先して遵守すべきとされています。ただし、就業規則の内容が労働基準法などの労働関係法令に定める基準を下回ったり、違反するようなものであった場合、その項目については無効となり、各法令の内容が優先されることになります。

就業規則は事業所に勤務するすべての労働者が対象ですが、正社員とパート・アルバイトのように雇用形態によって勤務時間や休暇、賃金などの条件が大きく異なる場合、1つの就業規則の下で働かせることは困難です。そのような場合は、たとえば正社員用と非正社員用などというように複数の就業規則を作る必要が出てきます。

なお、法的には常時10人未満の労働者を使用する使用者に就業規則の作成・届出の義務はありません。実際に、個人経営の店舗や家族経営の中小企業の中には就業規則を設けていないという事業所もあります。ただ、賃金や休暇などささいな事柄をめぐって紛争が起きやすいのも事実です。トラブルを未然に防ぐ意味でもできるだけ就業規則を作っておくべきでしょう。

正社員用の就業規則との違い

正社員用との就業規則とは別に就業規則を作る場合、次のような項目で相違点が出てきます。ただし、ここに挙げるのは一般的な例ですから、実際には事業所ごとに内容を検討する必要があります。

① **賃金**

正社員は日給月給制、月給制、パート・アルバイトは時給制をとる会社が多いようです。昇給制度などがある場合にも記載が必要です。

② **休暇・休憩**

勤務時間や契約期間などによって、休暇や休憩の付与の仕方が違ってきます。

③　契約期間

　正社員は通常期間を定めない雇用ですが、パートの場合は期間を定めた雇用をすることがあります。契約終了後の更新などについても明確にしておく必要があります。

④　昇進・転勤

　昇進については、正社員と同じ扱いをするのは難しいでしょうから、パートを対象としない、あるいはパート独自の昇進規定を設けることになります。また、多くのパート労働者は、生活の基盤がある地元での就労を前提として勤務先を選択しますから、転勤については対象外として省略することが多いようです。

⑤　社員への転換

　通常の労働者への転換を推進するため、正社員登用試験など通常の労働者への転換を推進するための措置を実施することを規定します。

⑥　福利厚生

　健康診断や福利厚生施設の利用については、できるだけ正社員と同等とすることが望ましいのですが（「短時間労働者・有期雇用労働者の雇用管理の改善等に関する措置等についての指針」、21ページ）、雇用期間等によって扱いを変える場合はその旨を明記しておきましょう。

⑦　懲戒

　仕事上の責任の重さの違いなどを考慮して、正社員よりも比較的軽い懲戒規定とすることもあります。

パート用就業規則を作成する際の注意点

　就業規則の具体的な内容については、法令の範囲内であれば各事業所の事情に添って自由に定めることができます。これは、正社員用だけでなくパート用の就業規則についても同様です。パートタイマーやアルバイトなど雇用形態の違う非正社員であっても、労働者であることに変わりはありませんから、パート用の就業規則を作成する際には

労働基準法はもちろん、最低賃金法、男女雇用機会均等法など、正社員に適用される法律は原則としてすべて対象になるということを念頭に置いて作成しなければなりません。

また、「短時間労働者及び有期雇用労働者の雇用管理の改善等に関する法律」（パートタイム・有期雇用労働法）や、短時間・有期雇用労働指針の内容をよく理解して、その内容に添った就業規則を作る努力をすることも必要です。

パートタイマーだけに適用される労働条件を定めたい場合は、パートタイマー専用の就業規則を作成することになります。この場合には、正社員用の就業規則の本則で、「パートタイマーにはパートタイム用の就業規則が適用される」ことを規定しておくのがよいでしょう。

このように、正社員用の就業規則の他にパートタイマー用の就業規則を定めたとしても、正社員用とパートタイマー用の2つの就業規則を合わせたものが1つの就業規則となります。そのため、就業規則本則の適用対象を正社員だけとして、パートタイマーを除外しつつ、パートタイマー用の就業規則を作成しないことは労働基準法89条違反になります。1つの就業規則の一部が欠けていると扱われるためです。

その他、注意すべき点としては、以下のようなものがあります。

① **対象者を明確にする**

一口に非正社員といっても、パートタイマー、アルバイト、嘱託社員、契約社員など個々の呼び方はさまざまであり、労働条件も異なります。就業規則を複数作成する場合は、その就業規則を遵守すべき労働者が誰なのかを明確にしておく必要があります。似た労働条件を持つ労働者については、同じ就業規則を使ってもかまいません。

② **パートタイム労働者の意見を聴いて作成する**

事業主は、短時間労働者に関わる事項について就業規則を作成・変更しようとするときは、その事業所で雇用する短時間労働者の過半数を代表すると認められる者の意見を聴くように努めなければなりません。

③　労働条件が正社員と近い場合の処遇を考慮する

　正社員とパート労働者の労働条件が異なることについては、特に違法性はありません。ただし、パートという雇用形態をとっていても、正社員と同等の労働時間、仕事内容で就業している場合は、できるだけ正社員と同等の処遇をすべきです。

④　就業規則の変更

　就業規則は法改正の状況や社会情勢の変化をふまえて適宜見直すことになります。就業規則を変更する場合も、変更の都度、労働基準監督署へ届け出ることが必要です。変更の届出方法は、規則を作成する場合と同様です。

■ パート用就業規則作成上のポイント ……………………………

賃金	賃金は時給が多い
休憩	勤務時間（所定労働時間）によって異なる
昇進	パートタイマー独自の規定を設けることもできる
契約期間	契約の更新の際に問題が起きやすいので、契約期間および満了後の更新の有無や条件について明確にしておくこと
年次有給休暇	勤務時間・日数や勤続年数によって付与日数が異なる
福利厚生	対象者が正社員だけなのか、それともパートタイマーを含めるのならどこまで対象者を広げるのかを明確にする
懲戒（制裁）	正社員に準じる（やや軽くすることもできる）

■ パート用就業規則の作成・変更の手続き ………………………

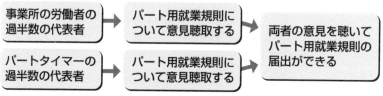

※パートタイマーの過半数の代表者の意見を聞くことが望ましい

パートタイム労働者就業規則

第1章　総　則

第1条（目的） 本規則は、○○株式会社（以下「会社」という）に勤務するパートタイム労働者の労働条件、服務規律その他就業に関する事項を定めたものである。

2　この規則に定めのないことについては、労働基準法その他の法令の定めたところによる。

第2条（パートタイム労働者の定義） この規則において、パートタイム労働者とは、第4条の規定に基づき採用された者で、所定労働時間が1日○時間以内、1週○時間以内の者をいう。本規則は入社日から適用する。

第3条（規則の遵守） 会社およびパートタイム労働者は、この規則を守り、互いに協力して業務の運営にあたらなければならない。

第2章　人　事

第4条（採用） 会社は、パートタイム労働者の採用にあたっては、勤務希望者のうちから選考して採用する。

2　勤務希望者は、履歴書その他会社が求める書類を選考時に提出しなければならない。

第5条（採用時の提出書類） パートタイム労働者として採用された者は、採用後5労働日以内に次の書類を提出しなければならない。

(1)　住民票記載事項証明書

(2)　源泉徴収票（採用された年に前職で給与収入のある者）

(3)　個人番号カードまたは個人番号通知書の写し

(4)　その他会社が必要と認める書類

2　前各号の提出書類に異動が生じた場合は、1か月以内に届け出なければならない。

第6条（労働契約の期間） 会社は、労働契約の締結にあたっては、1

年の範囲内で、契約時に本人の希望を考慮の上、各人別に決定し、別紙の労働条件通知書で労働契約の期間を示すものとする。

2　労働契約は、必要に応じて更新することができるものとする。この場合、本人と協議の上、改めて労働条件を定めて更新する。なお、1年を超えて継続して勤務したパートタイム労働者について契約を更新しない場合、会社は、期間満了の30日前までにその旨を通知する。

第7条（労働条件の明示）会社は、パートタイム労働者の採用時に、別紙の労働条件通知書を交付し、採用時の労働条件を明示するものとする。

第8条（異動）会社は、業務上の必要があり、パートタイム労働者について個別の同意を得た場合は、勤務内容または就業場所の変更を命じることができる。

2　会社が前項の命令を行う場合、パートタイム労働者の生活を考慮し、無理のない家庭生活を送ることのできる範囲の異動にとどめるよう努めなければならない。

第9条（正規社員への登用）会社は、パートタイム労働者のうち、特に勤務成績に優れる者を選考の上、正規社員として登用することができる。

2　正規社員として登用した場合、正規社員の就業規則第○条に定める退職金の算定上、パートタイム労働者として勤務した期間は勤続年数に通算しない。

第10条（無期労働契約への転換制度）有期雇用契約で雇用するパートタイム労働者のうち、通算契約期間が5年超の者は、申込みを行うことで現在締結する有期労働契約の契約期間終了日の翌日より、期間の定めがない労働契約の雇用に転換することを可能とする。

2　前項による通算契約期間は、平成25年4月以降に開始された有期労働契約の通算による。また、現在締結する有期労働契約は、期間満了日までの期間とする。ただし、労働契約期間の締結がない期間が連続6か月以上ある者については、それ以前の契約期間は通算

契約期間に含まないものとする。

3　本規則に定める労働条件については、期間の定めがない労働契約への転換後も引き続き適用する。ただし、期間の定めがない労働契約へ転換したパートタイム労働者に係る定年は満○○歳とし、定年に達した日の属する月の末日をもって退職扱いとする。

第11条（退職）パートタイム労働者が次の各号に該当するときは、退職とする。パートタイム労働者は、退職事由のあった日の翌日に会社のパートタイム労働者としての身分を失う。

⑴　有期労働契約の場合、当該契約期間が満了したとき

⑵　本人の都合により退職を申し出て会社が認めたとき、または退職の申出をしてから14日を経過したとき

⑶　本人が死亡したとき

第12条（解雇）会社は、パートタイム労働者が次の各号のいずれかに該当する場合、契約期間中であっても解雇することができる。

⑴　本人に精神または身体の障害・疾病があり、医師の判断に基づき、業務に耐えられないと認められる場合

⑵　勤務状況が著しく不良で就業に不適切と認められる場合

⑶　天災地変その他やむを得ない事由により事業の継続が不可能なとき、または事業の縮小、部門の閉鎖、経営の簡素化などを行う必要が生じ、他の職務に転換させることが困難なとき

⑷　その他前各号に準ずる事由があるとき

第13条（解雇の予告）前条により解雇する場合は、法令の定めに基づいて、少なくとも30日前までに予告するか、または30日分の予告手当を支給して解雇する。ただし、2か月以内の契約期間を定めたパートタイム労働者については、本条を適用しない。

第14条（解雇制限）次の各号のいずれかに該当する期間は解雇しない。ただし、第1号の場合において療養開始から3年経過後も傷病が治らず、打切補償を支払った場合はこの限りではない。

⑴　業務上の傷病による療養での休業期間およびその後30日間

(2) 女性が産前産後に休業する期間およびその後30日間

2　会社は、パートタイム労働者につき育児・介護休業法に基づいて、休業したこと、または休業を請求したことを理由に解雇しない。

第15条（貸与品等の返還）パートタイム労働者であった者は、退職（解雇も含む）した後、健康保険証、身分証明書、貸与被服、その他会社から貸与されたすべての金品を直ちに返還しなければならない。

第16条（退職後の証明）パートタイム労働者であった者は、退職後（解雇後も含む）も在職中の職務、地位、賃金、使用期間、退職事由などの証明を会社に求めることができる。

第3章　服務規律

第17条（服務規律）パートタイム労働者は、業務の正常な運営を図るため、会社の指示命令を遵守して、誠実に業務を遂行しなければならない。

2　パートタイム労働者は、次の各事項を遵守して、職場の秩序を保持するように努めなければならない。

(1) 会社の名誉または信用を傷つける行為をしない。

(2) 会社、取引先等の機密や個人情報を他に漏らさない。

(3) 会社の施設、備品を大切に扱う。

(4) 許可なく職務外目的で会社施設、備品等を使用しない。

(5) 勤務時間中は許可なく業務を中断または職場を離れない。

(6) みだりに遅刻、早退、私用外出および欠勤をせず、やむを得ない場合は、事前に届け出る。

(7) 職務を利用して自己利益を図り、不正な行為を行わない。

(8) 職場の整理整頓を行い、快適な職場環境を作る。

(9) 所定の作業服・作業帽を着用し、社員証を携帯する。

(10) その他業務の正常な運営を妨げ、または職場の風紀・秩序を乱すような行為を行わない。

第4章　労働時間、休憩および休日

第18条（労働時間および休憩）パートタイム労働者の労働時間は1

日 6 時間以内、かつ週 30 時間以内とし、始業および終業の時刻ならびに休憩時間は、原則として次の通りとし、労働契約を結ぶときに各人別に定める。

	所定労働時間	始業時刻	終業時刻	休憩時間
A勤務	6 時間	8 時	14時45分	11時00分～11時45分
B勤務	6 時間	11 時	17時45分	14時00分～14時45分
C勤務	6 時間	14 時	20時45分	17時00分～17時45分

2　前項にかかわらず業務の都合その他やむを得ない事情により始業・終業・休憩時刻の繰上げ、繰下げをすることがある。

3　休憩時間は、自由に利用することができる。

第 19 条（**休日**）休日は、次の通りとする。

⑴　毎週土曜日・日曜日

⑵　国民の祝日（振替休日も含む）および国民の休日

⑶　年末年始（12月○日より 1 月○日まで）

⑷　その他会社が定める休日

第 20 条（**休日の振替**）前条の休日について、業務の都合により必要やむを得ない場合は、あらかじめ他の日と振り替えることがある。ただし、休日は 4 週を通じて 8 日を下回らないようにする。

2　休日の振替を行うときは、対象者に事前に通知する。

第 21 条（**時間外労働・休日労働**）会社は、所定労働時間を超えて、または所定労働日以外の休日にパートタイム労働者を就業させないように努めなければならない。

2　前項の規定にかかわらず、業務の都合上やむを得ない場合は、個別の同意を得た上で、所定労働時間を超える時間または所定労働日以外の休日にパートタイム労働者を就業させることができる。

第 22 条（**出退勤手続**）パートタイム労働者は、出退勤にあたり各自のタイムカードで出退勤の時刻を記録しなければならない。

2　タイムカードは自ら打刻し、他人に依頼してはならない。

第5章　休暇等

第23条（年次有給休暇） 6か月以上継続して勤務し、会社の定める所定労働日数の8割以上を出勤したときは、年次有給休暇を労働基準法の規定に従い与える。

2　年次有給休暇を取得しようとするときは、期日を指定して、事前に会社へ届け出なければならない。

3　パートタイム労働者が指定した期日に年次有給休暇を与えると事業の正常な運営に著しく支障があると認められる場合、会社は他の期日に変更することができる。

4　年次有給休暇中の賃金は、所定労働時間を労働した場合に支払われる通常の賃金を支給する。

5　従業員の過半数を代表する者との協定により、前項の規定にかかわらず、あらかじめ期日を指定して計画的に年次有給休暇を与えることがある。ただし、各人の持つ年次有給休暇付与日数のうち5日を超える日数の範囲とする。

6　当該年度の年次有給休暇で取得しなかった残日数については、翌年度に限り繰り越すことができる。

第24条（産前産後の休暇） 6週間（多胎妊娠の場合は14週間）以内に出産予定の女性は、請求によって休業することができる。

2　産後8週間を経過しない場合は就業させない。ただし、産後6週間を経過した女性から就業の申出があった場合、支障がないと医師が認めた業務に就業させることができる。

3　前2項の休暇は無給とする。

4　会社は、妊娠中の女性および産後1年を経過しない女性が請求した場合、法定労働時間を超える時間または法定休日に就業させない。

第25条（生理休暇） 生理日の就業が著しく困難な女性が請求した場合には、休暇を与える。

2　前項の休暇は無給とする。

第26条（育児時間） 生後1歳に満たない子を養育する女性から会社

に請求があった場合、休憩時間の他に1日2回、1回につき30分の育児時間を与える。

2　育児時間は無給とする。

第27条（育児休業等）　1歳に満たない子を養育する女性が希望するときは、会社に申し出て育児休業をし、または育児短時間勤務制度の適用を受けることができる。

2　前項の休業および就業しなかった時間は無給とする。

3　育児休業、育児短時間勤務制度の適用は、別に定める「育児休業規程」による。

第28条（介護休業等）　要介護状態にある家族を介護する必要があるパートタイム労働者が希望するときは、会社に申し出て介護休業をし、または介護短時間勤務制度の適用を受けることができる。

2　前項の休業および就業しなかった時間は無給とする。

3　介護休業または は介護短時間勤務制度の適用は、別に定める「介護休業規程」による。

第6章　賃金

第29条（賃金構成）　パートタイム労働者の賃金は次の通りとする。

⑴　基本給　時間給とし、職務内容、経験、職務遂行能力等を考慮して各人個別に決定する。

⑵　諸手当

①通勤手当　通勤実費を支給するが、1か月の上限は○円とする。

②時間外勤務手当　1日8時間を超える時間外労働の場合、8時間を超えた部分については、通常の賃金の125％の割増賃金を支給する。ただし、1か月の時間外労働が60時間を超えた場合、60時間を超えた部分については、通常の賃金の150％の割増賃金を支給する。

③休日勤務手当　第20条の休日のうち法定休日にも該当する日に労働した場合、通常の賃金の135％の割増賃金を支給する。

第30条（賃金締切日および支払日）　賃金は、前月21日から当月20日までを一賃金計算期間とし、当月末日に支給する。ただし、支給

日が休日にあたる場合は、その前日に支給する。

2　賃金は、その全額を直接本人に支払う。ただし、本人の同意がある場合は、本人名義の銀行口座への振込みによって支払う。

第31条（賃金からの控除）次に掲げるものは賃金から控除するものとする。

⑴　源泉所得税

⑵　住民税

⑶　雇用保険および社会保険の被保険者については、当該保険料の被保険者の負担分

⑷　その他従業員の過半数を代表する者との書面による協定により控除することとしたもの

第32条（欠勤等の扱い）欠勤、遅刻、早退、私用外出の時間については、勤務しなかった時間分の時間給の額を差し引く。

第33条（昇格）会社は、労働契約を継続する際、その勤務成績等を考慮して、時間給を昇給させることができる。

第34条（賞与）パートタイム労働者には、原則賞与を支給しない。

第35条（退職金）パートタイム労働者には、原則退職金を支給しない。

第7章　福利厚生

第36条（福利厚生）会社は、福利厚生施設の利用および行事への参加については、正規社員と同様の取扱いをするように配慮する。

第37条（社会保険等の加入）パートタイム労働者の労働条件が、常態として社会保険および雇用保険の加入要件に該当した場合は、所定の加入手続をとらなければならない。

第38条（教育訓練の実施）会社は、パートタイム労働者に対して必要がある場合には、教育訓練を実施する。

第8章　安全衛生および災害補償

第39条（安全衛生の確保）会社は、パートタイム労働者の作業環境の改善を図り、安全衛生教育、健康診断その他必要な措置を講ずる。

2　パートタイム労働者は、安全衛生に関する法令、規則ならびに会

社の指示を守り、会社と協力して労働災害の防止に努めなければならない。

第40条（安全衛生教育）会社は、パートタイム労働者に対し、採用時および作業内容が変更になった場合等には、必要な安全衛生教育を行う。

第41条（健康診断）労働契約の継続により1年以上雇用されているパートタイム労働者については、健康診断を行う。

2　有害な業務に従事する者については、特殊健康診断を行う。

第42条（災害補償）パートタイム労働者が業務上の事由もしくは通勤により負傷し、疾病にかかり、または死亡した場合は、労働者災害補償保険法に定める保険給付を受けるものとする。

2　パートタイム労働者が業務上の負傷または疾病により休業する場合の最初の3日間は、会社が平均賃金の60％の休業補償を行う。

第9章　賞　罰

第43条（表彰）パートタイム労働者が、特に会社の信用を高めるなどの功績があった場合、その都度審査の上、表彰する。

2　表彰は、表彰状を授与し、あわせて表彰の内容により賞品もしくは賞金を併せて授与する。

第44条（懲戒事由）パートタイム労働者が次のいずれかに該当するときは、懲戒処分を行う。

⑴　本規則、または本規則に基づいて作成された諸規則にたびたび違反するとき

⑵　正当な理由なく、無断欠勤が5日以上続いたとき

⑶　欠勤、遅刻、早退が続き、業務に熱心とは言い得ないとき

⑷　故意に業務の遂行を妨げたとき

⑸　素行不良により会社の風紀、秩序を乱すとき

⑹　許可なく会社の金品を持ち出し、または持ち出そうとしたとき

⑺　会社内において、刑法犯に該当する行為があったとき

⑻　重大な経歴を詐称したとき

⑼　会社の名誉、信用を傷つけたとき

⑽　その他前各号に準ずる程度の不都合な行為があったとき

第45条（懲戒処分の種類）懲戒処分は情状により次の区分で行う。

⑴　けん責　始末書を提出させ将来を戒める。

⑵　減給　けん責の上、賃金の一部を減額する。ただし、減給は、
　　１回の額が平均賃金の１日分の半額を、総額が１賃金支払期間の
　　10分の１を超えない範囲で行う。

⑶　出勤停止　けん責の上、７日以内を限度として出勤を停止させ
　　る。なお、その間の賃金は支給しない。

⑷　諭旨退職　けん責の上、退職願の提出を要求する。ただし、こ
　　れに応じないときは懲戒解雇とする。

⑸　懲戒解雇　予告期間を設けることなく即時に解雇する。この場
　　合において所轄労働基準監督署長の認定を受けたときは、予告手
　　当の支給も行わない。

第46条（損害賠償）パートタイム労働者が故意または重大な過失に
よって会社に損害を与えたときは、損害の全部または一部を賠償さ
せることがある。

附　　則

１　本規則を変更または廃止する場合は、取締役会の承認を必要と
　　する。

２　本規則は令和○年○月○日から改正し、同日施行する。

３　本規則の主管者は総務部門長とする。

４　この規則を改廃する場合は「過半数従業員の選出に関する規程」
　　に基づいて選出された従業員の過半数代表者の意見を聴いて行う。

（制定・改廃記録）

制定　　　平成20年４月５日

改正　　　平成27年２月５日

改正　　　令和○年○月○日

副業・兼業についての規定と就業規則

どんな規定を盛り込むのか

　会社が副業・兼業を認める場合には、就業規則に、以下のような規定を盛り込みます。副業・兼業の規定がないと、労働者は自由に副業・兼業をできると理解し、後に大きなトラブルになる可能性があります。次の条項は、厚生労働省が作成したモデル就業規則における副業・兼業に関する条項です。

第68条（副業・兼業）　労働者は、勤務時間外において、他の会社等の業務に従事することができる。

2　労働者は、前項の業務に従事するにあたっては、事前に、会社に所定の届出を行うものとする。

3　第1項の業務に従事することにより、次の各号のいずれかに該当する場合には、会社は、これを禁止または制限することができる。

①　労務提供上の支障がある場合

②　企業秘密が漏えいする場合

③　会社の名誉や信用を損なう行為や、信頼関係を破壊する行為がある場合

④　競業により、企業の利益を害する場合

　上記の規定は、あくまでも副業・兼業に関する規定の一例であり、各企業において、必ずこの規定例どおりの規定にしなければならないという性質のものではありません。

　就業規則の内容、各企業の事業場の実態に合ったものとしなければならないことから、副業・兼業の導入の際には、労使間で十分検討す

る必要があります。

労働者の副業・兼業について、裁判例では労働者が労働時間以外の時間をどのように利用するかは基本的には労働者の自由であることが示されていることから、第1項において、労働者が副業・兼業できることを明示しています。

届出制、許可制を規定する

労働者の副業・兼業を認める場合には、長時間労働を招くなどして労務提供上の支障を生じさせるものでないか、企業秘密の漏えいがないか、などを把握する必要があります。そこで、先の条項では第2項において事前に届出を行うことを規定しています。

また、届出制以外にも、許可基準を設け、申請があった場合に許可基準を基づいて副業を許可するかどうかを判断することもできます。しかし、必要以上に細かい許可基準を設けると、副業の自由を制限しているとみなされ、裁判においてその許可基準が無効と判断される可能性があります。第3項各号で規定したような合理性のある許可基準にしなければなりません。

特に、労働者が自社と副業・兼業先の両方で雇用されている場合には、時間外・休日労働の計算において労働時間を通算する必要がある点から、労働者の副業・兼業の内容を把握するため、副業・兼業の内容を届出制もしくは許可制にすることが望ましいといえます。

裁判例では、労働者の副業・兼業について各企業の制限が許される場合は、第3項各号で規定したような事由であることが示されています。第3項各号の事由に該当するかどうかは各企業で判断するものですが、就業規則の規定を拡大解釈して、必要以上に労働者の副業・兼業を制限することのないよう、適切な運用を心がけるようにしましょう。

なお、第3項第1号（労務提供上の支障がある場合）には、副業・兼業が原因で自社の業務が十分に行えない場合や、長時間労働などに

232

よって労働者の健康に影響が生じるおそれがある場合が含まれます。

　裁判例でも、自動車運転業務について、隔日勤務に就くタクシー運転手が、非番日に会社に無断で輸出車の移送、船積みなどをするアルバイトを行った事例において、「タクシー乗務の性質上、乗務前の休養が要請されることなどの事情を考えると、本件アルバイトは就業規則により禁止された兼業に該当すると解するのが相当である」と判断したものがあることに留意が必要です。

●副業開始後の取扱いも重要

　副業・兼業の開始後の取扱いに関する規定を定めることもできます。たとえば、定期的に（少なくとも年１回）面談を行うことを規定し、労働時間などについて届出事項と実際とで差異が生じていないかを確認することを定めます。差異が生じており、副業・兼業によって本業に問題が生じている場合には、副業・兼業を承認しないことができるという内容の規定を設けておくこともできます。

■ 副業・兼業の許可の流れと規定例の関係 ……………………………

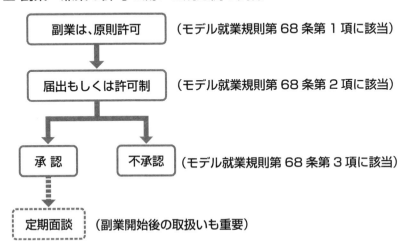

副業・兼業規程

第1条（目的）　この副業・兼業規程（以下「本規程」という）は、株式会社○○（以下「当社」という）の就業規則第○条に基づき、当社の役員、正社員、契約社員、パート、アルバイト等（以下「社員」という）が第2条に定義する副業・兼業を行う場合の許可等に関する取扱いについて定めるものとする。

2　副業・兼業は、社員の知識・スキルの獲得、社員の自主性・自律性の促進、社員の当社への定着または社外の情報等による事業機会の拡大に資するものでなければならない。

第2条（定義）　本規程において、「副業・兼業」とは、社員が当社の業務の一環ではない次の各号に掲げる行為をすることをいう。また、本規程において、副業・兼業を行う事業場のことを「副業・兼業先事業場」という。

⑴　会社その他の団体の社員、役員等に就職・就任すること

⑵　自ら事業を営むこと

⑶　何らかの事業または事務に従事すること

⑷　その他前各号に類するもの

第3条（許可申請）　社員は、勤務時間外において、他の会社等の業務に従事することができるが、第5条に抵触する場合に当社は、これを禁止または制限することができる。副業・兼業をしようとするときは、開始する2週間前までに、別途定める様式により許可申請を行わなければならない。

2　副業・兼業の許可を受けた社員は、許可申請の内容に変更があり、引き続き副業・兼業を行おうとするときは、事前に再度許可申請を行い、許可を受けなければならない。ただし、やむを得ない事由があるときは、許可申請の内容に変更が生じた後、直ちに再度許可申請を行い、許可を受けることで足りる。

第4条（許可権者） 前条に規定する副業・兼業の許可は、許可を申請する社員の所属長が行う。

第5条（許可基準） 前条の所属長は、次の各号のすべての事項を充たす場合のみ、副業・兼業を許可することができる。

(1) 副業・兼業先事業場が当社の同業他社でないこと

(2) 長時間労働により社員の健康を害するおそれがないこと（①申請時における直近6か月の平均1か月間の当社における時間外労働時間と副業・兼業先事業場における1か月間に予想される勤務時間の合計時間が概ね月45時間を超えないこと、及び、②当社と副業・兼業先事業場のいずれにも就業しない休日を月4日以上は確保できることを目安とする）

(3) 副業・兼業先事業場の勤務により、当社の勤務に変更の必要がなく、当社の業務の遂行に支障を来すおそれもないこと

(4) 副業・兼業先事業場の業種が下記に該当しないこと

① 風俗営業等の規制及び業務の適正化等に関する法律に規定する風俗営業

② 酒肴等を客に提供する飲食店

③ 暴力団員による不当な行為の防止等に関する法律に規定する暴力団、指定暴力団等が行う事業

④ その他社員の健康又は福祉を害するおそれのある事業

第6条（留意事項） 社員は、次の各号のすべての事項について認識し、理解した上で、副業・兼業を行うものとする。

(1) 副業・兼業先事業場において、業務災害による傷病及び副業・兼業先事業場に向かう途上の通勤災害並びに副業・兼業先事業場より自宅に向かう途上の通勤災害による傷病に伴う休業において、休業補償の金額の算定の基礎となる賃金が、副業・兼業先事業場における賃金のみとなること

(2) 副業・兼業先事業場での労働によって長時間労働を来し、長時間労働による過労に伴う疾病を発症し、または死亡した場合にお

いて、当社は損害賠償の責めには応じないこと

(3) 労働時間の管理は、自己管理とすること

(4) 本条第1項から第3項の規定にかかわらず、労働者災害補償保
険法等に別段の定めのあるときは、その定めによること

第7条（勤怠状況の報告義務） 副業・兼業を行う社員は、毎月決め
られた期日までに、別途定める様式により副業・兼業先事業場の毎
月の勤怠状況を当社に報告しなければならない。

第8条（職務専念義務） 社員は、許可を得て副業・兼業を行う場合
でも、当社の勤務時間中は、当社の業務に専念しなければならない。

第9条（機密保持義務） 社員は、当社の在職中及び退職後において、
副業・兼業先その他の第三者に対して、業務上知り得た当社及び当
社の取引先等の機密情報を漏洩してはならない。

第10条（許可の取消） 第5条の規定により許可を受けた社員が、
次の各号のいずれかに該当するに至ったときは、所属長は、当該許
可を取り消すことができる。

(1) 第3条第1項もしくは第2項の申請または第8条の報告に虚偽
のあることが発覚したとき

(2) 第3条第2項の申請または第8条の報告を怠ったとき

(3) 第5条各号のいずれかに反する状態となったとき

(4) 第8条または第9条の義務に違反したとき

(5) その他、副業・兼業をさせることが相当でないと当社が認めた
とき

第11条（懲戒処分） 当社は、社員に本規程に違反する行為があっ
たときは、懲戒処分を行うことができる。

附則
本規定は、令和〇年〇月〇日より施行する。

社会保険・労働保険への加入

社会保険に加入するのはなぜか

　社会保険とは、広い意味で健康保険・厚生年金保険・介護保険・雇用保険・労災保険の5つを包含した概念ですが、雇用保険と労災保険を労働保険として区別して、健康保険と厚生年金保険、介護保険を社会保険と呼ぶことがあります。厚生年金保険や健康保険、介護保険は、事業者と労働者がその保険料を折半して負担します。法律の建前からすると、①すべての法人事業所、国、地方公共団体であって、常時従業員を使用するものと、②製造、土木、金融、教育、士業（令和4年10月から）など一定の事業の個人事業所であって、常時5人以上の従業員を使用するものが健康保険と厚生年金保険の適用事業所になります。

　適用事業所が使用する一般労働者は、原則としてすべて被保険者（制度に加入する人のこと）になりますが、パートタイム労働者の場合は「1週間の所定労働時間が、当該事業所において同種の業務に従事する通常の労働者の所定労働時間および所定労働日数の概ね4分の3以上である」ことを目安とし、労働状況などを総合的に考慮して、常用使用関係にあると認められるときに被保険者として扱われることになっています（昭和55年6月6日付厚生省〈当時〉内簡）。

　平成28年10月からは、1週間の所定労働時間または1か月の所定労働日数が通常の労働者の4分の3未満のパートタイマーについても社会保険加入の対象となり、さらに令和4年10月からは、①週の勤務時間が20時間以上、②月収が88,000円以上（年収106万円以上）、③2か月以上の継続勤務、④職場の社員数が101名以上、のすべてに該当すれば加入が可能になりました。そして、令和6年10月からは、④の社員数が51人以上の企業が対象となり、社会保険の適用対象者がさらに拡大される予定です。

労働保険は適用されるのか

　勤務先の倒産やリストラなどの事情で失業した人に対し、生活支援や職業訓練などを行い、労働者の生活と雇用の安定を図ることを目的とする制度を雇用保険といいます。

　労働保険（雇用保険と労災保険の総称）はどちらも政府管掌の保険であり、原則として労働者を雇用するすべての事業所が適用事業所となります。雇用保険の保険料は、事業者と労働者の双方が負担しますが、労災保険は事業者のみの負担になります。

　パートタイム労働者に対し、労働保険が適用されるかという点については、雇用保険と労災保険で扱いが異なります。

　まず、雇用保険の場合ですが、雇用保険法によると、①１週間の所定労働時間が、20時間未満の者、②31日以上継続して雇用される見込みのない者、③季節的に雇用される者であって４か月以内の期間を定めて雇用される者、などは雇用保険の一般被保険者にはなりません。

　①と②からすると、パートタイム労働者の中でも、31日以上引き続いて雇用される見込みがあり、週に20時間以上勤務している人については雇用保険の対象者になるということです。

　一方、労災保険の場合は雇用保険のような要件はなく、労災保険が適用される事業所（適用事業所）に使用されているすべての労働者が対象になります（労働者災害補償保険法３条１項）。パート・アルバイトなどの非正社員はもちろん、不法就労の外国人労働者に対しても、労災保険は適用されます。

　また、事業者が労災保険加入手続きを怠っている間に労災事故にあった場合でも、保険給付を受けることができます。ただ、この場合、労災保険への加入手続きを怠っていた事業者からは、保険給付の全部または一部の費用が徴収されます。

社会保険手続きを怠るとどうなる

正社員の場合は、採用した段階で社会保険の加入手続きをするのが当然と考えられていますが、パートタイマーの場合は次のような事情で加入手続きをしていないことが多くあります。

① 会社が経費節減のため加入をしない
② パートタイマーでも一定の要件を満たせば加入の義務が生じるということを会社が認識していない
③ 労働者が夫の被扶養者でいた方が得だと考え、被保険者となることを拒む

しかし、社会保険は本来、要件を満たせば企業や労働者の意思とは関係なく適用される強制保険です。このため、手続きを怠るとさまざまな支障が生じます。まず罰則があります。健康保険法や厚生年金保険法では、正当な理由なく被保険者の資格の取得などの届出を行わなかった場合は、6か月以下の懲役または50万円以下の罰金、雇用保険法では同様の場合に6か月以下の懲役または30万円以下の罰金に処すると規定しています。さらに、年金事務所の調査などで加入を怠っていると認められると、最長2年間についてさかのぼって保険料を支払うよう命じられることがあります。

社会保険は、労働者の生活環境などを安定させることを目的として整備された制度ですので、要件を満たす場合はできるだけ早く所定の手続きを行うようにしましょう。

業務災害が発生したとき

労働者について業務中に生じた負傷、疾病、障害、死亡などの災害のことを業務災害といいます。また、業務災害による負傷や疾病について保険給付を受ける制度が労災保険です。労災事故の治療などについて健康保険からの給付を受けることは「労災隠し」につながることから禁止されています。

労災保険はすべての労働者の業務災害に対して適用されます。ただ、保険が給付されるのは災害の発生状況と原因が一定の条件を満たしている場合です。この場合の条件とは、その災害に「業務遂行性」と「業務起因性」が認められるかどうかということです。

業務遂行性とは、災害発生時にその被災労働者が事業主の支配ないし管理下にあったかどうかということです。たとえば、休憩時間中でも会社の指揮・監督により業務を行うことができる状態にあれば業務遂行性があると認められます。業務起因性とは、労働者が負ったケガや疾病が業務によって（起因して）起こったかどうかということです。工場の機械操作中に誤って手を挟んだという場合がこれにあたります。

最近ではアスベスト被害なども業務災害として認められています。業務災害が発生した場合には、労働者自身または労働者の遺族が事業所を管轄する労働基準監督署に労災保険給付の申請を行います。申請内容が業務災害にあたるかどうかの認定は、労働基準監督署長が行います。

■ パートタイマーと労働保険・社会保険の適用 ……………………

保険の種類		加入するための要件
労働保険	労災保険	なし（無条件で加入できる）
	雇用保険	31日以上引き続いて雇用される見込みがあり、かつ、1週間の労働時間が20時間以上であること
社会保険	健康保険	1週間の所定労働時間および1か月の所定労働日数が正社員の4分の3以上であること 1週間の所定労働時間または1か月の所定労働日数が正社員の4分の3未満の場合は一定条件を満たしていること（本文参照）
	厚生年金保険	
	介護保険	65歳以上（第1号被保険者） 40歳以上65歳未満（第2号被保険者）

採用したときの雇用保険・社会保険の届出

雇用保険被保険者資格取得届

　社員を採用すると、その社員は雇用保険の被保険者となりますので、資格取得の手続きを行わなければなりません。

　採用した日の翌月10日までに、事業主が、「雇用保険被保険者資格取得届」（243ページ）を管轄の公共職業安定所に届け出ます。

　また、①労働者名簿、②出勤簿（またはタイムカード）、③賃金台帳、④労働条件通知書、⑤雇用保険被保険者証（過去に雇用保険に加入したことがある者）を添付します。

　なお、複数複数の事業所で働く65歳以上の労働者は、２つの事業所での労働時間を合計し、１週間の所定労働時間が20時間以上になる場合は、申出を行い特例的に雇用保険の被保険者になることができます（マルチジョブホルダー制度）。

健康保険・厚生年金保険被保険者資格取得届

　社会保険の被保険者として資格取得の手続きも必要です。パートタイマーの場合、被保険者として加入が必要な目安は、１週間の所定労働時間および１か月の所定労働日数が正社員の４分の３以上、または１週間の所定労働時間または１か月の所定労働日数が正社員の４分の３未満で一定の条件を満たしている場合です。

　事業主は、採用した日から５日以内に「健康保険・厚生年金保険被保険者資格取得届」（244ページ）を管轄の年金事務所または健康保険組合に届け出ます。添付書類は、①年金手帳または基礎年金番号通知書、②健康保険被扶養者（異動）届（被扶養者がいる場合）です。

　なお、70歳以上の人は健康保険だけの加入になります。報酬月額の欄については残業手当などの見込み分も含めた総額を記入します。こ

れにより、標準報酬月額が資格取得時に決定されます。

入社時に労働者に被扶養者がいる場合の届出

健康保険は被保険者だけでなく、被扶養者も保険給付の対象としています。被扶養者の範囲は、配偶者や子に限られません。直系尊属（父母、祖父母、曾祖父母）、配偶者（内縁関係を含む）、子、孫、兄弟姉妹、同一世帯である上記以外の3親等内の親族、内縁関係の配偶者の父母・配偶者の子も、被扶養者の範囲に含まれます。

あわせて年金制度のしくみとして被扶養配偶者を国民年金の第3号被保険者扱いにするため、「国民年金第3号被保険者関係届」を届け出ます。

【届出・添付書類】

事業主が、「健康保険被扶養者（異動）届、国民年金第3号被保険者関係届」（245ページ）を管轄の年金事務所または健康保険組合に届け出ます。被扶養者届の届出は健康保険の資格取得届と同時に行います。届出期限は資格を取得した日から5日以内です。

被扶養者（異動）届の添付書類は、①配偶者の年金手帳または基礎年金番号通知書（配偶者の第3号被保険者手続きを行う場合）、②在学証明書（16歳以上で学生の場合）、③被扶養者の収入を確認できる証明書類（16歳以上の場合）、④被扶養者の続柄を確認する書類（住民票（同居の場合のみ）または戸籍謄（抄）本）などです。

なお、収入を確認できる証明書類については、所得税法上の控除対象配偶者・扶養親族であることを事業主が確認した場合は、添付は不要です。また、続柄を確認する書類については、届書にマイナンバーを記載するか、続柄についてを事業主が確認した場合には、添付は不要です。

様式第2号（第6条関係）

標準字体 `0 1 2 3 4 5 6 7 8 9`

雇用保険被保険者資格取得届

（必ず第2面の注意事項を読んでから記載してください。）

帳票種別 `1 7 1 0 1`

1. 個人番号 `1 2 3 4 5 6 7 8 9 0 1 2`

2. 被保険者番号 `3 4 1 2 - 3 4 5 6 7 8 - 9`

3. 取得区分 `1`（1 新規 / 2 再取得）

4. 被保険者氏名 高橋　均　　フリガナ（カタカナ） `タカハシ　ヒトシ`

5. 変更後の氏名　　フリガナ（カタカナ）

6. 性別 `1`（1 男 / 2 女）

7. 生年月日 `3 - 5 8 0 3 0 4`
元号　年　月　日
（2 大正 / 3 昭和 / 4 平成 / 5 令和）

8. 事業所番号 `1 3 0 6 - 7 8 9 1 2 3 - 4`

9. 被保険者となったことの原因 `2`
（1 新規 / 新規雇用（学卒） / 2 新規雇用（その他）雇用 / 3 日雇からの切替 / 4 その他 / 8 出向元への復帰等（65歳以上））

10. 賃金（支払の態様ー賃金月額：単位千円） `1 - 2 5 6`
百万 十万 万 千 円
（1 月給 2 週給 3 日給 / 4 時間給 5 その他）

11. 資格取得年月日 `5 - 0 5 0 7 0 1`
元号　年　月　日
（4 平成 / 5 令和）

12. 雇用形態 `7`
（1 日雇 / 2 パートタイム / 3 有期契約 / 5 季節的雇用 / 6 船員 / 7 その他）

13. 職種 `1 0`（01～11）第2面参照

14. 就職経路 `1`
（1 安定所紹介 / 2 自己就職 / 3 民間紹介 / 4 把握していない）

15. 1 週間の所定労働時間 `3 0 0 0` 時間　　分

16. 契約期間の定め `2`
1 有ー契約期間 `□-□□□□□□` から `□-□□□□□□` まで
元号　年　月　日　　元号　年　月　日
（4 平成　5 令和）
契約更新条項の有無（1 有 / 2 無）
2 無

事業所名 株式会社　緑建築　　備考

17欄から23欄までは、被保険者が外国人の場合のみ記入してください。

17. 被保険者氏名（ローマ字）（アルファベット大文字で記入してください。）

被保険者氏名［続き（ローマ字）］

18. 在留カードの番号（在留カードの右上に記載されている12桁の英数字）

19. 在留期間 `　　` まで
西暦　年　月　日

20. 資格外活動の許可の有無（1 有 / 2 無）

21. 派遣・請負就労区分 `　`
（1 派遣・請負労働者として主として当該事業所以外で就労する場合 / 2 に該当しない場合）

22. 国籍・地域（　　　　）

23. 在留資格（　　　　）

※公安記共定載職業所欄

24. 取得時被保険者種類 `□□`
（1 一般 / 2 短期常態 / 3 季節 / 11 高年齢被保険者（65歳以上））

25. 番号複数取得チェック不要 `□`
チェック・リストが出力されたか、調査の結果、同一人でなかった場合に「1」を記入。

26. 国籍・地域コード `□□`
22欄に対応するコードを記入

27. 在留資格コード `□□`
23欄に対応するコードを記入

雇用保険法施行規則第6条第1項の規定により上記のとおり届けます。

住　所　品川区五反田1ー2ー3　　　令和　5 年　7 月　5 日

事業主　氏名　株式会社　緑建築
代表取締役　鈴木　太郎

品川 公共職業安定所長　殿

電話番号　03ー3321ー1123

社会保険労務士記載欄	作成年月日・提出代行者・事務代理者の表示	氏　名	電話番号

※所長	次長	課長	係長	係	操作者

※備考

確認通知　令和　　年　　月　　日

2021.9

様式コード	
2 2 0 0	

健　康　保　険
厚生年金保険　**被保険者資格取得届**
厚生年金保険　70歳以上被用者該当届

令和 5 年 4 月 5 日提出

事業所整理記号	0 0 - ア イ ウ	事業所番号 1 2 3 4 5

届書記入の個人番号に誤りがないことを確認しました。

受付印

提出者記入欄

事業所所在地　〒 141-0000
東京都品川区五反田 1-2-3

事業所名称　株式会社緑商会

事業主氏名　代表取締役　鈴木　太郎

電話番号　03 （ 3321 ） 1123

社会保険労務士記載欄

氏名等　　　　　　　　㊞

被保険者1

① 被保険者整理番号

② 氏名 （フリガナ） イケガミ　ユキコ
（氏）池上　（名）雪子

③ 生年月日　5.昭和 7.平成 9.令和　6 1 0 9 1 0

④ 種別　1.男　5.男(基金)　②女　6.女(基金)　3.坑内員 7.坑内員（基金）

①取得区分　①健保・厚年　3.共済出向　4.船保任継

②個人番号（基礎年金番号）　1 2 3 4 5 6 7 8 9 1 2 3

⑦取得（該当）年月日　9.令和　0 5 0 4 0 1

④被扶養者　⓪無 1.有

⑥報酬月額　⑦（通貨）90,000 円　④（現物）0 円　⑦（合計⑦+④）9 0 0 0 0 円

⑩備考　該当する項目を○で囲んでください。　3.短時間労働者の取得（特定適用事業所等）　1.70歳以上被用者該当　4.退職後の継続再雇用者の取得　2.二以上事業所勤務者の取得　5.その他

⑨住所　〒 －　（フリガナ）　日本年金機構に提出する際、個人番号を記入した場合は、住所記入は不要です。

理由：1.海外在住　2.短期在留　3.その他

被保険者2

① 被保険者整理番号

② 氏名 （フリガナ）（氏）（名）

③ 生年月日　5.昭和 7.平成 9.令和　年　月　日

④ 種別　1.男　5.男(基金)　2.女　6.女(基金)　3.坑内員 7.坑内員（基金）

①取得区分　①健保・厚年　3.共済出向　4.船保任継

②個人番号（基礎年金番号）

⑦取得（該当）年月日　9.令和　年　月　日

④被扶養者　0.無 1.有

⑥報酬月額　⑦（通貨）円　④（現物）円　⑦（合計⑦+④）円

⑩備考　該当する項目を○で囲んでください。　3.短時間労働者の取得（特定適用事業所等）　1.70歳以上被用者該当　4.退職後の継続再雇用者の取得　2.二以上事業所勤務者の取得　5.その他

⑨住所　〒 －　（フリガナ）　日本年金機構に提出する際、個人番号を記入した場合は、住所記入は不要です。

理由：1.海外在住　2.短期在留　3.その他

被保険者3

① 被保険者整理番号

② 氏名 （フリガナ）（氏）（名）

③ 生年月日　5.昭和 7.平成 9.令和　年　月　日

④ 種別　1.男　5.男(基金)　2.女　6.女(基金)　3.坑内員 7.坑内員（基金）

①取得区分　①健保・厚年　3.共済出向　4.船保任継

②個人番号（基礎年金番号）

⑦取得（該当）年月日　9.令和　年　月　日

④被扶養者　0.無 1.有

⑥報酬月額　⑦（通貨）円　④（現物）円　⑦（合計⑦+④）円

⑩備考　該当する項目を○で囲んでください。　3.短時間労働者の取得（特定適用事業所等）　1.70歳以上被用者該当　4.退職後の継続再雇用者の取得　2.二以上事業所勤務者の取得　5.その他

⑨住所　〒 －　（フリガナ）　日本年金機構に提出する際、個人番号を記入した場合は、住所記入は不要です。

理由：1.海外在住　2.短期在留　3.その他

被保険者4

① 被保険者整理番号

② 氏名 （フリガナ）（氏）（名）

③ 生年月日　5.昭和 7.平成 9.令和　年　月　日

④ 種別　1.男　5.男(基金)　2.女　6.女(基金)　3.坑内員 7.坑内員（基金）

①取得区分　①健保・厚年　3.共済出向　4.船保任継

②個人番号（基礎年金番号）

⑦取得（該当）年月日　9.令和　年　月　日

④被扶養者　0.無 1.有

⑥報酬月額　⑦（通貨）円　④（現物）円　⑦（合計⑦+④）円

⑩備考　該当する項目を○で囲んでください。　3.短時間労働者の取得（特定適用事業所等）　1.70歳以上被用者該当　4.退職後の継続再雇用者の取得　2.二以上事業所勤務者の取得　5.その他

⑨住所　〒 －　（フリガナ）　日本年金機構に提出する際、個人番号を記入した場合は、住所記入は不要です。

理由：1.海外在住　2.短期在留　3.その他

協会けんぽご加入の事業所様へ
※ 70歳以上被用者該当届のみ提出の場合は、「⑩備考」欄の「1. 70歳以上被用者該当」および「5. その他」に○をし、「5. その他」の〔　〕内に「該当届のみ」とご記入ください（この場合、健康保険被保険者証の発行はありません）。

様式コード	協会管掌事業所用	健康保険	被扶養者（異動）届
2 2 0 2		国民年金	第3号被保険者関係届

令和 5 年 4 月 5 日提出

受付印

事業主記入欄

事業所整理記号　0 0 － アイウ

届出記入の個人番号（基礎年金番号）に誤りがないことを確認しました。

事業所所在地　〒141－0000　品川区五反田1－2－3

事業所名称　株式会社　緑商会

事業主氏名　代表取締役　鈴木　太郎

電話番号　03（3321）1123

厚生年金保険の配偶者にかかる届出の記載がある場合、同時に『国民年金第3号被保険者関係届』として受理し、配偶者を第3号被保険者に、第2号被保険者を配偶者として読み替えます。

社会保険労務士記載欄　氏名等

事業主確認欄　事業主が確認した場合　□確認　収入に関する証明の添付が省略されている者は、所得税法上の控除対象配偶者・扶養親族であることを確認しました。

事業主等受付年月日　令和　5　年　4　月　5　日

A. 被保険者欄

被保険者整理番号　②

氏名（フリガナ）ホンジョウ　タカシ　氏名　本上　貴志

生年月日　5.昭和　9.平成　550114　性別　1.男　2.女

個人番号（基礎年金番号）　1 2 3 4 5 6 7 8 9 0 1 2

取得年月日　5.昭和　7.平成　011101　収入（年収）　450万　個人番号を記入した場合は、住所記入は不要です。　住所　〒　－

※事業主が確認を受ける方の続柄は裏面⑩の書類で確認した場合は、B欄⑦（又はC欄⑯）の「※続柄確認済み」の□に✓を付してください。（添付書類については裏面41b参照）
配偶者が被扶養者（第3号被保険者）になった場合は「該当」、被扶養者でなくなった場合は「非該当」、変更の場合は「変更」を○で囲んでください。

B. 配偶者である被扶養者欄

第3号被保険者関係届は、この届書記載のとおり届け出ます。

①届出　令和　1 年 11 月 5 日

氏名（フリガナ）ホンジョウ　アヤカ　氏名　本上　彩花

生年月日　9.令和　560403　性別（続柄）　3.夫（未届）　4.妻（未届）

個人番号（基礎年金番号）　1 2 3 4 5 6 7 8 9 1 2

※第3号被保険者関係届の提出は配偶者（第2号被保険者）に委任します ✓　外国籍　外国人通称名

住所　① 同居　〒111－0001　東京都目黒区東7－3－19　② 別居

電話番号　自宅　03（9876）5432

① 該当　被扶養者（第3号被保険者）になった日　令和　050401　③ 理由　1.配偶者の就職　3.離職　2.婚姻　4.収入減少　5.その他

② 非該当　被扶養者でなくなった日　令和　⑤ 理由　1.死亡（令和　年　月　日）　2.離職　4.75歳到達　3.就職・収入増加　5.障害認定　6.その他

③ 変更　⑦ 海外特例要件に該当した日　令和　理由　1.留学　3.海外婚姻　2.同行家族　4.その他　5.特定活動

⑧ 海外特例要件に非該当となった日　令和　理由　1.国内転入（令和　年　月　日）　2.その他

職業　パート　4.その他　収入（年収）　100万　円

備考　種別　31

※続柄確認済み ✓

⑳ 被扶養者でない配偶者を有するときに記入してください。　配偶者の収入（年収）　円

配偶者以外の方が被扶養者になった場合は「該当」、被扶養者でなくなった場合は「非該当」、変更の場合は「変更」を○で囲んでください。

C. その他の被扶養者欄1

氏名（フリガナ）ホンジョウ　リク　氏名　本上　陸

生年月日　5.平成　9.令和　201013　個人番号　1 2 3 4 5 6 7 8 9 0 9 8　性別　1.男　2.女

続柄　1.実子・養子　6.兄姉　2.1以外の子　7.祖父母　3.父母・養父母　8.曾祖父母　4.義父母　9.孫　5.弟妹　10.その他

住所　① 同居　〒111－0001　② 別居　東京都目黒区東7－3－19

海外特例要件に該当した日　理由　1.留学　3.特定活動　5.その他　2.同行家族　4.海外婚姻　国内転入（令和　年　月　日）　2.その他

① 該当　被扶養者になった日　9.令和　050401　職業　小・中学生以下　収入（年収）　0　理由　1.出生　4.同居　2.離職　3.収入減

② 非該当　③ 変更　被扶養者でなくなった日　9.令和　職業　1.無職　4.小・中学生以下　2.パート　5.高・大学生（　年生）　3.年金受給者　6.その他　理由　1.死亡　4.収入増加　2.離職　5.障害認定　3.就職　6.その他　4.75歳到達

※続柄確認済み ✓

C. その他の被扶養者欄2

氏名（フリガナ）ホンジョウ　ハルナ　氏名　本上　陽菜

生年月日　5.平成　9.令和　220225　個人番号　1 2 3 4 5 6 7 8 9 0 9 7　性別　1.男　2.女

続柄　1.実子・養子　6.兄姉　2.1以外の子　7.祖父母　3.父母・養父母　8.曾祖父母　4.義父母　9.孫　5.弟妹　10.その他

住所　① 同居　〒111－0001　② 別居　東京都目黒区東7－3－19

① 該当　被扶養者になった日　9.令和　050401　職業　小・中学生以下　収入（年収）　0　理由　1.出生　4.同居　2.離職　3.収入減

② 非該当　③ 変更　被扶養者でなくなった日　9.令和

※続柄確認済み ✓

※被扶養者の「該当」と「非該当（変更）」は同時に提出できません。「該当」「非該当」「変更」はそれぞれ別の用紙で提出してください。

扶養に関する申立書（添付書類等の内容について補足する事項がある場合に記入してください）

申立の事実に相違ありません。　氏名

退職したときの社会保険の届出

社員の資格喪失のための手続き

　雇用保険と同様に、社員が離職したときは健康保険と厚生年金保険の資格も喪失します。資格の喪失日は原則として離職した日の翌日になります。つまり、3月31日に退職した場合は喪失日が4月1日となり、4月以降の社会保険料がかかりません。

【届出・添付書類】

　事業主は、労働者が社会保険の資格を喪失した日（離職した日の翌日）から5日以内に管轄の年金事務所または健康保険組合へ健康保険・厚生年金保険被保険者資格喪失届（247ページ）を提出します。

　添付書類としては、健康保険被保険者証が必要になります。離職した者と連絡がつかない場合などには被保険者証を回収できないこともあります。そのようなときは、資格喪失届の他に健康保険被保険者証回収不能届を提出します。なお、離職した社員に扶養する親族がいる場合は、被扶養者分の健康保険証も同様に返納が必要です。

【ポイント】

　資格喪失届は、社員が退職したとき以外にも提出することがあります。たとえば、転勤により事業所が変更する場合に提出するのもそのひとつです。その他、定年退職後の再雇用などで賃金額が下がった場合にも提出します。通常の月額変更の手続きではなく、継続して働いているとしても、定年退職日でいったん資格喪失届（喪失日は定年退職日の翌日）を提出して同じ日付で資格取得届を提出します（同日得喪）。

様式コード			
2 2 0 1			

健康保険
厚生年金保険　　**被保険者資格喪失届**
厚生年金保険　　70歳以上被用者不該当届

令和 **5** 年 **4** 月 **5** 日提出

提出者記入欄

事業所整理記号　**00-アイウ**　事業所番号 **12345**

届書記入の個人番号に誤りがないことを確認しました。

事業所所在地　〒 **141-0000**　**品川区五反田1-2-3**

事業所名称　**株式会社 緑商会**

事業主氏名　**代表取締役 鈴木 太郎**

電話番号　**03（3321）1123**

在職中に70歳に到達された方の
厚生年金保険被保険者喪失届は、
この用紙ではなく『70歳到達届』を
提出してください。

受付印

社会保険労務士記載欄
氏名等

被保険者1

① 被保険者整理番号	② 氏名		③ 生年月日	
12	（フリガナ）かとう　さとし（名）**加藤　聡**		5.昭和 7.平成 9.令和	**49 10 03** 年 月 日

④ 個人番号[基礎年金番号] **2117500013567**　⑤ 喪失年月日 令和 **050401**

⑥ 喪失（不該当）原因
4.（令和 **5** 年 **3** 月 **31** 日）退職等
5.死亡（令和 年 月 日死亡）
9.75歳到達（健康保険のみ喪失）
9.障害認定（健康保険のみ喪失）
11.社会保障協定

⑦ 備考
該当する項目を○で囲んでください。
1. 二以上事業所勤務者の喪失　3. その他
2. 退職後の継続再雇用者の喪失

保険証回収　添付 **1** 枚　返不能 枚

⑧ 70歳不該当
□ 70歳以上被用者不該当
（退職日または死亡日を記入ください）
年 月 日
不該当年月日 9.令和

被保険者2

① 被保険者整理番号	② 氏名		③ 生年月日	
	（フリガナ）（名）		5.昭和 7.平成 9.令和	年 月 日

④ 個人番号[基礎年金番号]　⑤ 喪失年月日 令和

⑥ 喪失（不該当）原因
4.退職等（令和 年 月 日）退職等
5.死亡（令和 年 月 日死亡）
9.75歳到達（健康保険のみ喪失）
9.障害認定（健康保険のみ喪失）
11.社会保障協定

⑦ 備考
該当する項目を○で囲んでください。
1. 二以上事業所勤務者の喪失　3. その他
2. 退職後の継続再雇用者の喪失

保険証回収　添付 枚　返不能 枚

⑧ 70歳不該当
□ 70歳以上被用者不該当
（退職日または死亡日を記入ください）
年 月 日
不該当年月日 9.令和

被保険者3

① 被保険者整理番号	② 氏名		③ 生年月日	
	（フリガナ）（名）		5.昭和 7.平成 9.令和	年 月 日

④ 個人番号[基礎年金番号]　⑤ 喪失年月日 令和

⑥ 喪失（不該当）原因
4.退職等（令和 年 月 日）退職等
5.死亡（令和 年 月 日死亡）
9.75歳到達（健康保険のみ喪失）
9.障害認定（健康保険のみ喪失）
11.社会保障協定

⑦ 備考
該当する項目を○で囲んでください。
1. 二以上事業所勤務者の喪失　3. その他
2. 退職後の継続再雇用者の喪失

保険証回収　添付 枚　返不能 枚

⑧ 70歳不該当
□ 70歳以上被用者不該当
（退職日または死亡日を記入ください）
年 月 日
不該当年月日 9.令和

被保険者4

① 被保険者整理番号	② 氏名		③ 生年月日	
	（フリガナ）（名）		5.昭和 7.平成 9.令和	年 月 日

④ 個人番号[基礎年金番号]　⑤ 喪失年月日 令和

⑥ 喪失（不該当）原因
4.退職等（令和 年 月 日）退職等
5.死亡（令和 年 月 日死亡）
9.75歳到達（健康保険のみ喪失）
9.障害認定（健康保険のみ喪失）
11.社会保障協定

⑦ 備考
該当する項目を○で囲んでください。
1. 二以上事業所勤務者の喪失　3. その他
2. 退職後の継続再雇用者の喪失

保険証回収　添付 枚　返不能 枚

⑧ 70歳不該当
□ 70歳以上被用者不該当
（退職日または死亡日を記入ください）
年 月 日
不該当年月日 9.令和

退職するときの雇用保険の手続き

どんな離職理由があるのかをおさえておく

　社員が離職したときには、雇用保険の資格を喪失させる手続きを行います。手続きは、入社時等に社員の雇用保険取得手続きを行った際に公共職業安定所から受け取った届出書を利用します。主な離職理由には、①〜⑥があります。

① 自己都合
② 契約期間満了
③ 定年
④ 取締役就任
⑤ 移籍出向
⑥ 解雇

　離職者が雇用保険の失業給付を受けるために離職票の交付を希望したときは、この資格喪失届に加えて雇用保険被保険者離職証明書（252〜253ページ）を作成します。

【届出と添付書類】

　事業主が、離職した日の翌日から10日以内に雇用保険被保険者資格喪失届（次ページ）を、管轄の公共職業安定所へ届け出ます。添付書類は、原則として雇用保険被保険者離職証明書を添付しますが、本人が離職票の交付を希望しないときは添付する必要がありません。ただ、59歳以上の人の場合は必ず離職証明書を添付します。その他の添付書類には、①労働者名簿、②出勤簿、③賃金台帳、などがあります。

【ポイント】

　離職理由について、事実確認のための書類の提出が必要になります（離職理由によって異なります）。

様式第4号（第7条関係）（第1面）（移行処理用）

雇用保険被保険者資格喪失届

標準字体　0 1 2 3 4 5 6 7 8 9
（必ず第2面の注意事項を読んでから記載してください。）

帳票種別　1 7 1 9 1

1.個人番号　2 3 4 5 6 7 8 9 0 1 2 3

2.被保険者番号　5 0 1 8 - 1 3 5 2 4 6 - 1

3.事業所番号　1 3 0 6 - 7 8 9 1 2 3 - 4

4.資格取得年月日　4 - 2 6 0 8 0 1　（3 昭和 4 平成 5 令和）

5.離職等年月日　5 - 0 5 0 3 2 0

6.喪失原因　2　（1 離職以外の理由 2 3以外の離職 3 事業主の都合による離職）

7.離職票交付希望　1　（1 有 2 無）

8.1週間の所定労働時間　3 0 0 0　分

9.補充採用予定の有無　1　（空白 無 1 有）

10. 新氏名　フリガナ（カタカナ）

※公共職業安定所記載欄

11.喪失時被保険者種類　　（3 季節）

12.国籍・地域コード　　（18欄に対応するコードを記入）

13.在留資格コード　　（19欄に対応するコードを記入）

14欄から19欄までは、被保険者が外国人の場合のみ記入してください。

14.被保険者氏名（ローマ字）又は新氏名（ローマ字）（アルファベット大文字で記入してください。）

被保険者氏名（ローマ字）又は新氏名（ローマ字）〔続き〕

15.在留カードの番号　（在留カードの右上に記載されている12桁の英数字）

16.在留期間　　　年　月　日　まで

17.派遣・請負就労区分　（1 派遣・請負労働者として主として当該事業所以外で就労していた場合 2 1に該当しない場合）

18.国籍・地域（　　　　　）

19.在留資格（　　　　　）

20. （フリガナ）	カトウ　サトシ	21.性別	22. 生　年　月　日
被保険者氏名	加藤　聡	男・女	大正 昭和 平成 令和　49 年 10 月 3 日
23. 被保険者の住所又は居所	足立区足立1-2-3		
24. 事業所名称	株式会社 緑商会	25. 氏名変更年月日	令和　　年　月　日
26. 被保険者でなくなったことの原因	転職希望による退職		

雇用保険法施行規則第7条第1項の規定により、上記のとおり届けます。

令和 5 年 3 月27日

〒141-0000
住　所　品川区五反田1-2-3

事業主　氏　名　株式会社 緑商会
代表取締役 鈴木 太郎

電話番号　03-3321-1123

品川 公共職業安定所長　殿

社会保険労務士記載欄	作成年月日・提出代行者・事務代理者の表示	氏　名	電話番号	安定所	
				備考欄	

※	所長	次長	課長	係長	係	操作者	確認通知年月日
							令和　年　月　日

2021.9

非正規社員が退職したときに作成する 離職証明書の書き方

退職者が希望したときに交付する離職票

　離職した人が雇用保険の失業等給付を受けるためには、離職票が必要になります。つまり、すぐに再就職する予定のない社員が退職する場合は、必ず離職票を交付することになります。そして、離職票の交付を受けるために作成しなければならない書類が離職証明書です。

　離職票に記載されている離職前の賃金額や離職理由は、離職証明書を作成したときの内容がそのまま記載されており、失業等給付の受給額等に影響してきます。そのため、誤った内容を記載しないように、作成時には細心の注意が必要です。なお、離職票の交付を本人が希望しないとき（転職先が決まっているときなど）は作成・届出の必要はありませんが、離職者が59歳以上のときは本人の希望にかかわらず作成・届出をしなければなりません。

【届出と添付書類】

　離職日の翌日から10日以内に管轄の公共職業安定所に届け出ます。

　添付書類は以下の通りです。

・雇用保険被保険者資格喪失届

・労働者名簿

・賃金台帳

・出勤簿

・退職届のコピー

・解雇通知書など（離職理由が確認できる書類）

【ポイント】

　離職証明書の記載方法の一般的な注意点について書式（252 ～ 253 ページ）を参考に見ていきましょう。

・離職証明書の⑧欄の被保険者期間算定対象期間は、離職日の翌日か

らさかのぼって記入します。

・⑩欄の賃金支払対象期間は、⑧欄に対応する賃金計算期間を記入します（退職日と賃金計算締切日が同じ場合は⑧欄と同じ日付を記入することになります）。

・⑨欄と⑪欄の基礎日数を記入する際に、日給者や時間給者の場合、出勤した日数を記入します。月給者の場合、欠勤による減額などがなければ、出勤日数でなく暦日を記入します。

・⑩〜⑫の欄は、基礎日数が11日以上の完全月が6か月以上になるまで記入します。

・⑫欄は月給者であればⒶ欄に記入し、日給・時間給者であればⒷ欄に記入します。

・3枚複写の2枚目の⑮欄と⑯欄には、本人に署名してもらいます。本人の署名がもらえないときは、その理由の記載と事業主の署名をします。

・2枚目の事業主欄の左側余白部分に捨印を押印します（届出にかかる押印は原則廃止となりましたが、訂正印（捨印を含む）は省略できません）。この捨印がないと、提出時に記入ミスがあった場合に、訂正ができなくなります。代表者印を持参するのであれば捨印を押す必要はありませんが、代表者印を社外に持ち出すのは紛失の危険を考えるとなかなかできないと思いますので捨印を押すようにしてください。

【参考】

　備考欄には、離職証明書を提出する時点で、給料計算を行っていない場合には「未計算」と記入します。最後の給料計算が終わるのを待っていると離職証明書の提出が遅くなってしまうこともあるため、離職証明書の提出を急がなければならない場合には、最後の給料を「未計算」として提出することが認められています。ただし、「未計算」と記入して提出した場合、賃金額を確認するため、後日公共職業安定所から問い合わせを受ける可能性があります。

様式第5号（第7条関係）　　雇用保険被保険者離職証明書（安定所提出用）

| ①被保険者番号 | 1234-321098-9 | ③フリガナ | サイトウキョウコ | ④離職年月日 | 令和 | 年 5 | 月 3 | 日 20 |
| ②事業所番号 | 3333-333333-3 | 離職者氏名 | 斎藤京子 | | | | | |

⑤	名称	株式会社高橋物流	⑥離職者の	〒 120-0198
	事業所 所在地	品川区○○3-3-3	住所又は居所	足立区○○1-3-5
	電話番号	03-3333-3333		電話番号（ 03 ）1098-7654

この証明書の記載は、事実に相違ないことを証明します。　　　※離職票交付　令和　　年　　月　　日
事業主　住所　品川区○○3-3-3　　　　　　　　　　　　　　　（交付番号　　　　　　番）
　　　　氏名　代表取締役　高橋博

離職の日以前の賃金支払状況等

⑧ 被保険者期間算定対象期間		⑨⑧の期間における賃金支払基礎日数	⑩ 賃金支払対象期間	⑪⑩の基礎日数	⑫ 賃金額			⑬ 備考
Ⓐ 一般被保険者等	Ⓑ 短期雇用特例被保険者				Ⓐ	Ⓑ	計	
離職日の翌日 3月21日								
2月21日～離職日	離職月	19日	2月21日～離職日	19日		190,000		
1月21日～2月20日	月	22日	1月21日～2月20日	22日		220,000		
12月21日～1月20日	月	15日	12月21日～1月20日	15日		150,000		
11月21日～12月20日	月	21日	11月21日～12月20日	21日		210,000		
10月21日～11月20日	月	22日	10月21日～11月20日	22日		220,000		
9月21日～10月20日	月	20日	9月21日～10月20日	20日		200,000		
8月21日～9月20日	月	22日	8月21日～9月20日	22日		220,000		
7月21日～8月20日	月	21日	7月21日～8月20日	21日		210,000		
6月21日～7月20日	月	21日	6月21日～7月20日	21日		210,000		
5月21日～6月20日	月	23日	5月21日～6月20日	23日		230,000		
4月21日～5月20日	月	17日	4月21日～5月20日	17日		170,000		
3月21日～4月20日	月	23日	3月21日～4月20日	23日		230,000		
月 日～ 月 日	月	日	月 日～ 月 日	日				

⑭賃金に関する特記事項

⑮この証明書の記載内容（⑦欄を除く）は相違ないと認めます。
（離職者氏名）　斎藤京子

※公共職業安定所記載欄
⑮欄の記載　　有・無
⑯欄の記載　　有・無
資・聴

備考欄

本手続きは電子申請による申請も可能です。本手続きについて、電子申請により行う場合には、被保険者が離職証明書の内容について確認したことを証明することができるものを本離職証明書の提出と併せて送信することをもって、当該被保険者の電子署名に代えることができます。
また、本手続きについて、社会保険労務士が電子申請による本届書の提出に関する手続を事業主に代わって行う場合には、当該社会保険労務士が当該事業主の提出代行者であることを証明することができるものを本届書の提出と併せて送信することをもって、当該事業主の電子署名に代えることができます。

| 社会保険労務士記載欄 | 作成年月日・提出代行者・事務代理者の表示 | 氏　　　　名 | 電話番号 | | ※所長 | 次長 | 課長 | 係長 | 係 |

⑦ **⑦離職理由欄**…事業主の方は、離職者の主たる離職理由が該当する理由を1つ選択し、左の事業主記入欄の□の中に○印を記入の上、下の具体的事情記載欄に具体的事情を記載してください。

【離職理由は所定給付日数・給付制限の有無に影響を与える場合があり、適正に記載してください。】

事業主記入欄	離　職　理　由	※離職区分
	1　事業所の倒産等によるもの	1 A
□	（1）倒産手続開始、手形取引停止による離職	
□	（2）事業所の廃止又は事業活動停止後事業再開の見込みがないため離職	1 B
	2　定年によるもの	
□	定年による離職（定年　　　歳）	
	定年後の継続雇用 { を希望していた（以下のaからcまでのいずれかを1つ選択してください）	2 A
	{ を希望していなかった	
	a　就業規則に定める解雇事由又は退職事由（年齢に係るものを除く。以下同じ。）に該当したため	2 B
	（解雇事由又は退職事由と同一の事由として就業規則又は労使協定に定める「継続雇用しないことができる事由」に該当して離職した場合を含む。）	
	b　平成25年3月31日以前に労使協定により定めた継続雇用制度の対象となる高年齢者に係る基準に該当しなかったため	2 C
	c　その他（具体的理由：　　　　　　　　　　　　　　　　　　　　　）	
	3　労働契約期間満了等によるもの	2 D
□	（1）採用又は定年後の再雇用時等にあらかじめ定められた雇用期限到来による離職	
	（1回の契約期間　　　箇月、通算契約期間　　　箇月、契約更新回数　　　回）	2 E
	（当初の契約締結後に契約期間や更新回数の上限を短縮し、その上限到来による離職に該当　する・しない）	
	（当初の契約締結後に契約期間や更新回数の上限を設け、その上限到来による離職に該当　する・しない）	
	（定年後の再雇用時にあらかじめ定められた雇用期限到来による離職で　ある・ない）	3 A
	（4年6箇月以上5年以下の通算契約期間の上限が定められ、この上限到来による離職で　ある・ない）	
	→ある場合（同一事業所の有期雇用労働者に一様に4年6箇月以上5年以下の通算契約期間の上限が平成24年8月10日前から定められて　いた・いなかった）	3 B
☑	（2）労働契約期間満了による離職	
	① 下記②以外の労働者	3 C
	（1回の契約期間　12箇月、通算契約期間　36箇月、契約更新回数　2回）	
	（契約を更新又は延長することの確約・合意の　有・（無）（更新又は延長しない旨の明示の　有・（無）））	3 D
	（直前の契約更新時に雇止め通知の　（有）・無　）	
	（当初の契約締結後に不更新条項の追加が　ある・（ない））	
	{ を希望する旨の申出があった	4 D
	労働者から契約の更新又は延長 { を希望しない旨の申出があった	
	{ の希望に関する申出はなかった	5 E
	② 労働者派遣事業に雇用される派遣労働者のうち常時雇用される労働者以外の者	
	（1回の契約期間　　　箇月、通算契約期間　　　箇月、契約更新回数　　　回）	
	（契約を更新又は延長することの確約・合意の　有・無（更新又は延長しない旨の明示の　有・無））	
	{ を希望する旨の申出があった	
	労働者から契約の更新又は延長 { を希望しない旨の申出があった	
	{ の希望に関する申出はなかった	
	a　労働者が適用基準に該当する派遣就業の指示を拒否したことによる場合	
	b　事業主が適用基準に該当する派遣就業の指示を行わなかったことによる場合（指示した派遣就業が取りやめになったことによる場合を含む。）	
	（aに該当する場合は、更に下記の5のうち、主たる離職理由を更に1つ選択し、○印を記入してください。該当するものがない場合は下記の6に○印を記入した上、具体的な理由を記載してください。）	
□	（3）早期退職優遇制度、選択定年制度等により離職	
□	（4）移籍出向	
	4　事業主からの働きかけによるもの	
□	（1）解雇（重責解雇を除く。）	
□	（2）重責解雇（労働者の責めに帰すべき重大な理由による解雇）	
	（3）希望退職の募集又は退職勧奨	
□	① 事業の縮小又は一部休廃止に伴う人員整理を行うためのもの	
□	② その他（理由を具体的に　　　　　　　　　　　　　　　　　）	
	5　労働者の判断によるもの	
	（1）職場における事情による離職	
□	① 労働条件に係る問題（賃金低下、賃金遅配、時間外労働、採用条件との相違等）があったと労働者が判断したため	
□	② 事業主又は他の労働者から就業環境が著しく害されるような言動（故意の排斥、嫌がらせ等）を受けたと労働者が判断したため	
□	③ 妊娠、出産、育児休業、介護休業等に係る問題（休業等の申出拒否、妊娠、出産、休業等を理由とする不利益取扱い）があったと労働者が判断したため	
□	④ 事業所での大規模な人員整理があったことを考慮した離職	
□	⑤ 職種転換等に適応することが困難であったため（教育訓練の　有・無）	
□	⑥ 事業所移転により通勤困難となった（なる）ため（旧（新）所在地：　　　　　　　　）	
□	⑦ その他（理由を具体的に　　　　　　　　　　　　　　　　　）	
□	（2）労働者の個人的な事情による離職（一身上の都合、転職希望等）	
□	**6　その他（1～5のいずれにも該当しない場合）**（理由を具体的に　　　　　　　　　　　　　　　　　）	

具体的事情記載欄（事業主用）　　経営悪化により次回更新せず。

⑯ **⑯離職者本人の判断（○で囲むこと）**
事業主が○を付けた離職理由に異議　有り・（無し）

斎藤京子

退職した社員に関する書類を整理する際に、賃金台帳などを提出可能な状態で準備しておくことが重要です。

具体的な離職証明書の書き方

　252 〜 253ページの書式は、時給労働者が雇止めにより会社都合で退職する場合に会社の担当者が作成する離職証明書です。

　労働形態：高卒30歳中途入社、契約社員（３年勤務）
　給与：時給1,250円（離職日前３年間変動なし）、残業なし
　賞与等：なし、その他手当なし
　給与形態：20日締め、25日支払い
　離職日：令和５年３月20日
　離職理由：雇止めによる会社都合退職

　会社から契約を更新しない旨申し出たケースですので、⑦欄では、「労働契約期間満了による離職」に○をつけるものの、「労働者から契約の更新又は延長」については書式中の「の希望に関する申出はなかった」の箇所に○をつけることになります。
　しかし、同欄記載内容のように１回以上更新され継続して３年以上引き続き雇用されており、離職者の本心としては更新を期待していた場合は、特定受給資格者（一般の離職者に比べて基本手当の所定給付日数が多くなる者）に分類される可能性もありますので、慎重に判断するようにしましょう。また、「具体的事情記載欄」には、更新をしなかった理由をできるだけ具体的に記載しておくようにします。
　なお、離職証明書の⑦欄に記載されている離職理由について、その内容を確認できる資料が必要になります。上記の事例については、「労働契約期間満了による離職」について、労働契約書や雇入れ通知書、契約更新の通知書、タイムカードなどの提出を事業主が行うことになります。

Column

短時間正社員制度と地域限定正社員制度

　短時間正社員制度とは、フルタイムの正社員として働くことが困難な労働者について、処理する事務の質は他の正社員と異ならないのに対し、就労時間が他の正社員よりも短い正規雇用型の労働者を指します。短時間正社員制度について具体的に定めた法律はないため、労働基準法や最低賃金法などの法律を順守している限り企業独自でルールを決定することができます。一般的には、①期間の定めのない雇用契約（無期労働契約）を締結していること、②時間単位の基本給や賞与、退職金などの算定にあたり同等の業務を担う他の正社員と同様に扱われること、という条件を満たす者が短時間正社員に該当します。

　短時間正社員制度は、まかせる職種は正社員と同質であるにもかかわらず、他の正社員よりも短就労時間での勤務が認められていますので、多様な人材が正社員として、勤務が可能になります。特にパート社員などの非正規雇用型の労働者にとっては、キャリアアップの一環として、通常の正社員とは異なる形態が増えることで、より正社員登用のチャンスが拡大することにもつながります。企業側にとっても、有能な人材を短時間正社員制度を通じて確保することができるため、企業全体の生産性や効率が向上するとともに、少子・高齢化が進む我が国において、企業の社会的責任を果たすきっかけとして、短時間正社員制度を位置付けることも可能です。

　また、短時間正社員制度とは別に地域限定正社員制度を設けている会社もあります。短時間正社員は、労働時間に制限がある労働者ですが、地域限定正社員は転勤に制限のある労働者です。地域限定正社員では、全国的な転勤はせず、県内や市町村内での転勤はできる、あるいは、転勤はまったくしないというような制度を設けることができます。有期雇用労働者から正社員のステップアップとして、地域限定正社員制度を導入するケースも増えています。

【監修者紹介】

林 智之（はやし ともゆき）

1963年生まれ。東京都出身。社会保険労務士（東京都社会保険労務士会）。早稲田大学社会科学部卒業後、民間企業勤務を経て2009年社会保険労務士として独立開業。

「私にかかわる全ての人が幸せになっていくこと」を理想として、開業当初はリーマンショックで経営不振に陥った中小企業を支えるため、助成金の提案や労務管理改善の提案を中心に行う。その後車椅子ユーザーの女性との結婚が転機となり障害者支援の活動を始め、障害年金の手続きのみならず、障害者の移動支援や経済活動支援など社会進出の手助けを行う。また、セミナー講師も積極的に行っている。

主な監修書に『雇用をめぐる助成金申請と解雇の法律知識』『社会保険の申請書式の書き方とフォーマット101』『入門図解 労働安全衛生法のしくみと労働保険の手続き』『管理者のための 最新 労働法実務マニュアル』『給与・賞与・退職金をめぐる法律と税務』『障害年金・遺族年金のしくみと申請手続き ケース別32書式』『入門図解 最新 メンタルヘルスの法律知識と手続きマニュアル』『障害者総合支援法と障害年金の法律知識』『建設業の法務と労務 実践マニュアル』など（いずれも小社刊）がある。

さくら坂社労士パートナーズ
http://www.syougaisyasien.com/

すぐに役立つ　図解とＱ＆Ａでわかる
正社員以外【パート・派遣・副業・高年齢者雇用】の働き方をめぐる法律問題

2023年2月28日　第1刷発行

監修者	林智之
発行者	前田俊秀
発行所	株式会社三修社
	〒150-0001　東京都渋谷区神宮前2-2-22
	TEL　03-3405-4511　FAX　03-3405-4522
	振替　00190-9-72758
	https://www.sanshusha.co.jp
	編集担当　北村英治
印刷所	萩原印刷株式会社
製本所	牧製本印刷株式会社

©2023 T. Hayashi Printed in Japan
ISBN978-4-384-04909-1 C2032